Christian Czech

Guerilla-Marketing

Christian Czech

Guerilla-Marketing
Wider die Werbe-Aversion

Tectum Verlag

Christian Czech

Guerilla-Marketing.
Wider die Werbe-Aversion
ISBN: 978-3-8288-2570-3
Umschlagabbildung: © jpa1999 | iStockphoto.de
Umschlaggestaltung: Heike Amthor | Tectum Verlag
© Tectum Verlag Marburg, 2011

Besuchen Sie uns im Internet
www.tectum-verlag.de

Bibliografische Informationen der Deutschen Nationalbibliothek
Die Deutsche Nationalbibliothek verzeichnet diese Publikation in der
Deutschen Nationalbibliografie; detaillierte bibliografische Angaben sind
im Internet über http://dnb.ddb.de abrufbar.

Inhaltsverzeichnis

I. **Einleitung** 11
  1. Begriffsabgrenzung 11
    1.1 Marketing 11
    1.2 Guerilla-Marketing 13
  2. Problemstellung 17
  3. Gang der Untersuchung 19

II. **Rahmenbedingungen für Guerilla-Marketing in Deutschland** 21
  1. Wirtschaftliche Rahmenbedingungen 21
  2. Technische Rahmenbedingungen 23
  3. Ziele 26

III. **Analyse der Vorteilhaftigkeit von Guerilla-Marketing als ganzheitlicher Marketingansatz** 27
  1. Guerilla-Marketing in der Preispolitik 27
  2. Guerilla-Marketing in der Produktpolitik 29
  3. Guerilla-Marketing in der Distributionspolitik 30
  4. Guerilla-Marketing in der Kommunikationspolitik 31
    4.1 Sensation-Marketing 31
      4.1.1 Begriffsabgrenzung und Einordnung 31
      4.1.2 Betrachtung ausgewählter Praxisbeispiele 33
      4.1.3 Kritische Würdigung 34
    4.2 Ambient-Media 35
      4.2.1 Begriffsabgrenzung und Einordnung 35
      4.2.2 Entstehung und Entwicklung 40
      4.2.3 Ausprägungen 42
        4.2.3.1 Mainstream-Ambient-Media 42
        4.2.3.2 Stunt-Ambient-Media 43
      4.2.4 Ambient-Media-Formate 44
        4.2.4.1 Ambient-Media-Formate nach Lebensumfeldern 44
        4.2.4.2 Ambient-Media-Formate aus Anbietersicht 48
      4.2.5 Einsatzmöglichkeiten 52
      4.2.6 Kritische Würdigung 58
    4.3 Ambush-Marketing 60
      4.3.1 Begriffsabgrenzung und Einordnung 60
      4.3.2 Entstehung und Entwicklung 63
      4.3.3 Ausprägungen 65
        4.3.3.1 Direktes Ambush-Marketing 65
        4.3.3.2 Indirektes Ambush-Marketing 68
      4.3.4 Abwehrmöglichkeiten 70
      4.3.5 Kritische Würdigung 72

4.4	Viral-Marketing	73
	4.4.1 Begriffsabgrenzung und Einordnung	73
	4.4.2 Entstehung und Entwicklung	75
	4.4.3 Ausprägungen	78
	4.4.3.1 Geringintegratives Viral-Marketing	78
	4.4.3.2 Hochintegratives Viral-Marketing	79
	4.4.4 Kritische Würdigung	80
5.	Gesamtkritische Würdigung	81

IV. Fazit und Ausblick   85

Literaturverzeichnis   87

Abkürzungsverzeichnis

Abb.	Abbildung
AG	Aktiengesellschaft
AOL	America Online
Aufl.	Auflage
bspw.	beispielsweise
bzw.	beziehungsweise
ca.	circa
DFB	Deutscher Fußball-Bund
ebd.	ebenda
EM	Europameisterschaft
FIFA	Fédération Internationale de Football Association
ff.	folgende
ggf.	gegebenenfalls
GmbH	Gesellschaft mit beschränkter Haftung
Hrsg.	Herausgeber
LKW	Lastkraftwagen
o. J.	ohne Jahr
o. S.	ohne Seitenzahl
o. V.	ohne Verfasser
PR	Public Relations
S.	Seite
TV	Television
UEFA	Union of European Football Association
USA	United States of America
u. a.	unter anderem
Vgl.	vergleiche
WM	Weltmeisterschaft

Abbildungsverzeichnis

Abb. 1: Marketingpolitische Instrumente
Abb. 2: Anwendungshäufigkeit von Guerilla-Marketing
Abb. 3: Werbeausgaben in Deutschland (in Milliarden Euro)
Abb. 4: Entwicklung der Onlinenutzung 1997 bis 2009
Abb. 5: Internetnutzung in Deutschland 2008 und 2009
Abb. 6: Internetzugang 2004 bis 2009
Abb. 7: Abrechnung der Onlineverbindungen 2004 bis 2009
Abb. 8: Einordnung von Sensation-Marketing im Marketing-Mix
Abb. 9: Einordnung von Ambient-Media im Marketing-Mix
Abb. 10: Einordnung von Ambient-Media im Media-Mix
Abb. 11: Ambient-Media-Formate nach Lebensumfeldern
Abb. 12: [EDIT] Ambient-Media-Formate nach Lebensumfeldern
Abb. 13: Ambient-Media-Formate aus Anbietersicht
Abb. 14: [EDIT] Ambient-Media-Formate aus Anbietersicht
Abb. 15: Einordnung von Ambush-Marketing im Marketing-Mix
Abb. 16: Ziele des Ambush-Marketings
Abb. 17: Arten des Ambush-Marketings
Abb. 18: Erscheinungsformen im Ambush-Marketing
Abb. 19: Einordnung von Viral-Marketing im Marketing-Mix

I. Einleitung

1. Begriffsabgrenzung

1.1 Marketing

Marketing bezeichnet die konsequente Ausrichtung des gesamten Unternehmens an den Grundbedürfnissen des Marktes.[1] Darüber hinaus wird Marketing heute als umfassende Philosophie und Konzeption des Planens und Handelns angesehen.[2]

Folgende Definition hat sich in diesem Bereich etabliert:

„Marketing ist eine unternehmerische Denkhaltung. Sie konkretisiert sich in der Analyse, Planung, Umsetzung und Kontrolle sämtlicher interner und externer Unternehmensaktivitäten, die durch eine Ausrichtung der Unternehmensleistungen am Kundennutzen im Sinne einer konsequenten Kundenorientierung darauf abzielen, absatzorientierte Unternehmensziele zu erreichen."[3]

Dazu bedienen sich Unternehmen der folgenden marketingpolitischen Instrumente (siehe Abb. 1), die dazu dienen, aktiv Einfluss auf den Absatzmarkt zu nehmen.[4]

---

1   Vgl. Bruhn, M. (2009), S. 13
2   Vgl. Weis, H. C. (2009), S. 21
3   Bruhn, M. (2009), S. 14
4   Vgl. Weis, H. C. (2009), S. 86

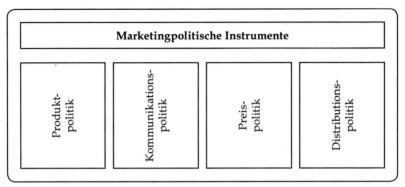

Abb. 1: Marketingpolitische Instrumente
Quelle: in Anlehnung an: Weis, H. C. (2009), S. 86

Guerilla-Marketing kann auf alle marketingpolitischen Instrumente Einfluss haben, findet allerdings zu einem überwiegenden Teil in der Kommunikationspolitik (siehe Abb. 2) statt.[5]
Demnach setzen Guerilla-Marketing-Aktionen nicht nur auf taktische Überraschungseffekte in der Kommunikation.[6]

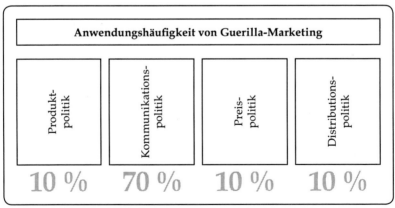

Abb. 2: Anwendungshäufigkeit von Guerilla-Marketing
Quelle: in Anlehnung an: Schulte, T. (2007), S. 20

5 Vgl. Hilker, C. (2009), S. 29
6 Vgl. Berdi, C. (2006), S. 3

1.2 Guerilla-Marketing

Definitionsversuche zum Guerilla-Marketing findet man sowohl im wissenschaftlichen Bereich, als auch im praxisorientierten Umfeld von Marketingfachleuten.

„Guerilla Marketing is a body of unconventional ways of pursuing convential goals. It is a proven method of achieving profits with minimum money."[7]

Vereinfacht bedeutet Guerilla-Marketing gemäß Definitionsversuch von Jay Conrad Levinson demnach, durch den Einsatz unkonventionellen Marketings und einem möglichst geringen Mitteleinsatz größtmöglichen Erfolg zu erzielen.

Dem gegenüber steht der Definitionsversuch, der Guerilla-Marketing als ganzheitlichen Marketingansatz beschreibt: „Der Begriff Guerilla-Marketing bezeichnet die Auswahl untypischer und undogmatischer Marketingaktivitäten, die mit einem geringen Mitteleinsatz eine möglichst große Wirkung erzielen sollen. Guerilla-Marketing hat sich zu einer marketingmixübergreifenden Basisstrategie, einer marketingpolitischen Grundhaltung der Marktbearbeitung entwickelt, die außerhalb der eingefahrenen Wege bewusst nach neuen, unkonventionellen, bisher missachteten, vielleicht sogar verpönten Möglichkeiten des Instrumentaleinsatzes sucht."[8]

„Guerilla-Marketing ist die Kunst, den von Werbung übersättigten Konsumenten, größtmögliche Aufmerksamkeit durch unkonventionelles bzw. originelles Marketing zu entlocken. Dazu ist es notwendig, dass sich der Guerilla-Marketeer möglichst (aber nicht zwingend) außerhalb der klassischen Werbekanäle und Marketing-Traditionen bewegt."[9] Diese Definition entstand im Nachgang des 2. Guerilla-Marketing-Kongresses im Jahr 2005 in den Blogs www.guerilla-marketing-blog.de und www.werbeblogger.de. Viele Blogger beteiligten sich an der Diskussion und so entstand als Resultat diese Definition.
Gleich welcher Definitionsversuch für den Einzelnen als der Richti-

---

7   Levinson, J. C., zitiert in Schulte, T. (2007), S. 16
8   Zerr, K., zitiert in Schulte, T. (2007), S. 16
9   Schulte, T. (2007), S. 19

ge gilt, lassen sich in allen Beschreibungen Charakteristika finden, die als Faktoren für Guerilla-Marketing treffend sind:[10]

- unkonventionell
- überraschend
- originell/kreativ
- frech/provokant
- kostengünstig/effektiv
- flexibel
- ungewöhnlich/untypisch
- witzig
- spektakulär
- ansteckend

Dabei stellt Guerilla-Marketing klassisches Marketing nicht in Frage. Allerdings bietet es eine Alternative zum klassischen Marketing. So ermöglicht es einem Unternehmen, seinen Umsatz mit einem Minimum an Kosten und einem Maximum an Raffinesse zu erhöhen.[11]

---

10   Vgl. Schulte, T. (2007), S. 17
11   Vgl. Levinson, J. C. (1990), S. 9

Der Begriff „Guerilla" hat seine Wurzeln in den Unabhängigkeitskriegen Spaniens und Portugals zu Beginn des 19. Jahrhunderts. Da die spanischen Truppen gegen die Truppen Napoleons unterlegen waren, bildeten sich in deren Reihen Untergrundmilizen. Aufgrund der militärischen Unterlegenheit vermieden diese Truppen den offenen Kampf. Vielmehr machten sie durch Sabotageaktionen auf sich aufmerksam. Dabei zeichneten sie sich durch hohe Mobilität und Flexibilität aus, zu welcher reguläre Armeen in der Regel nicht in der Lage waren.[12]

Dieses Vorgehen irregulärer Kräfte gegen eine feindliche überlegene Militärmacht oder gegen die eigene Regierung entstand jedoch nicht erst zu Beginn des 19. Jahrhunderts. Bereits aus der Antike sind solche Taktiken bekannt.

Und bereits das Alte Testament der Bibel berichtet von der Eroberung Kanaans durch die Israeliten, bei der taktische Störmanöver und Hinterhalte eingesetzt wurden.

Diese taktischen Maßnahmen ziehen sich durch die Geschichte, von alttestamentarischen Begebenheiten über jüdische Aufstände gegen die römische Herrschaft, über die Bauernkriege bis hin zum amerikanischen Unabhängigkeitskrieg.[13]

Neben Mao Tse-tung prägten im 20. Jahrhundert vor allem der kubanische Revolutionär Ernesto Che Guevara und die Guerilla-Truppen der Vietcong die Guerilla-Taktik.

Che Guevara schrieb zu Beginn der sechziger Jahre des vergangenen Jahrhunderts das Buch „Guerilla Warfare", das auch heute noch im Marketing als ideele Grundlage für Maßnahmen im Rahmen des Guerilla-Marketings dient.

Der Sieg über den Feind als ultimatives Mittel, der Einsatz von Überraschungseffekten sowie taktische Flexibilität werden in diesem Buch als Grundelemente der Guerilla-Taktik erläutert.[14]

---

12 Vgl. Guerilla Marketing Portal (2005), o. S.
13 Vgl. ebd.
14 Vgl. ebd.

Guerilla-Marketing im heutigen Sinne entstand in den USA in der Mitte der sechziger Jahre des 20. Jahrhunderts. An amerikanischen Universitäten wurde nach Möglichkeiten gesucht, mit Einfallsreichtum, Unkonventionalität und Flexibilität kleine und mittelständische Unternehmen zu unterstützen.[15]

Jay Conrad Levinson, oftmals als Urvater des Guerilla-Marketings bezeichnet, verfasste 1983 sein erstes Buch zum Guerilla-Marketing, das jedoch ausschließlich eine Handlungsanweisung für kleine und mittelständische Unternehmen darstellt.

Auch die Marketingexperten Al Ries und Jack Trout verstanden Guerilla-Marketing noch hauptsächlich als strategische Option für kleine und mittelständische Unternehmen.
Sie formulierten folgende Hauptprinzipien für erfolgreiches Guerilla-Marketing:[16]

- Marktnischen ausfindig machen und verteidigen
- schlanke Organisationsstruktur des Unternehmens
- hohe Flexibilität des Unternehmens

Seit Anfang der neunziger Jahre des letzten Jahrhunderts tauchen die heute bekannten Methoden des Guerilla-Marketings auf. So veröffentlichte Edgar Medien bspw. 1992 die erste Gratispostkarte im deutschen Raum. Dabei handelt es sich wohl um die Geburtsstunde von Ambient-Media in Deutschland. Virales Marketing im Sinne von Mundpropaganda entwickelte sich über Jahrhunderte, konnte jedoch sein gesamtes Potential erst durch die Entwicklungen des Internets und des Web 2.0 entfalten.

Die Entwicklung des Guerilla-Marketings und seiner Einzelmaßnahmen schreitet kontinuierlich voran.
Schlagwörter wie Mobile-Guerilla, Affiliate-Marketing, Chat-Attack oder Corporate-Blogs können unter Guerilla-Marketing subsumiert werden. Diese stellen jedoch keinen Teil der vorliegenden Arbeit dar.

---

15 Vgl. Guerilla Marketing Portal (2005), o. S.
16 Vgl. ebd.

2. Problemstellung

Wir bewegen uns in einer Welt in der uns Werbung umgibt. Sie ist überall und allgegenwärtig. Ob man Fernseher oder Radio einschaltet, eine Zeitung oder Zeitschrift aufschlägt oder durch das Internet surft – Werbung begegnet uns überall. Inzwischen ist jeder Konsument täglich mit 2.500 bis 5.000 Werbebotschaften konfrontiert. Das bedeutet, jeder von uns beschäftigt sich bewusst oder unbewusst jede Woche ca. zwölf Stunden mit Werbung.[17] Natürlich ist kein Konsument in der Lage, diese Werbeflut aufzunehmen.[18] Wir versuchen sogar, ihr gezielt aus dem Weg zu gehen, indem wir wegzappen, ausschalten oder umblättern.

Der Konsument von heute verlangt Emotionen und Attraktionen. Was kurz zuvor noch Erstaunen ausgelöst hat, ist sehr schnell normal. Eigentlich sogar noch schlimmer als normal: es ist langweilig.[19]

„Guerilla-Marketing ist die Kunst, den von Werbung und Marketing übersättigten Konsumenten, größtmögliche Aufmerksamkeit durch unkonventionelles bzw. originelles Marketing zu entlocken."[20]

Guerilla-Marketing bietet eine Möglichkeit, der stetig wachsenden Werbeaversion der Konsumenten entgegenzuwirken. Dazu steht dem Guerilla-Marketeer ein umfangreiches Waffenarsenal zur Verfügung, wobei einige Instrumente mehr „Feuerkraft als andere"[21] besitzen. Grundvoraussetzung für erfolgreiches Guerilla-Marketing ist es, seine Waffen zu kennen und möglichst viele ausprobiert zu haben.[22] Oftmals verliert bei immer neu aufkeimenden Wortkreationen allerdings der Marketeer selbst den Überblick.

---

17 Vgl. Langner, S. (2009), S. 13
18 Vgl. ebd., S. 14
19 Vgl. Godin, S. (2004), S. 16
20 Schulte, T. (2007), S. 11
21 Levinson, J. C. (2006), S. 51
22 Vgl. Levinson, J. C. (2007), S. 23

Ziel dieser Arbeit soll eine strukturierte Aufarbeitung des Guerilla-Marketings, sowie eine Einteilung seiner Ausprägungen in überschaubare Kategorien sein.
Ebenso soll Guerilla-Marketing nicht nur als Teilbereich der Kommunikationspolitik im Marketing-Mix beleuchtet, sondern als ganzheitlicher Marketingansatz analysiert werden.

Dies soll durch die Analyse ausgewählter Praxisbeispiele untermauert werden.

Im Rahmen des Guerilla-Marketings in der Kommunikationspolitik sollen folgende Maßnahmen genauer betrachtet werden:

- Sensation-Marketing
- Ambient-Media
- Ambush-Marketing
- Viral-Marketing

3. Gang der Untersuchung

Nachdem in Kapitel I die grundlegenden Begriffe erläutert wurden, auf die in dieser Arbeit näher eingegangen werden soll, beschäftigt sich Kapitel II mit den relevanten Rahmenbedingungen für erfolgreiches Guerilla-Marketing. Darin werden speziell die begünstigenden wirtschaftlichen Rahmenbedingungen, besonders in Bezug auf den aktuellen Werbemarkt, erörtert. Darüber hinaus werden das Internet und das Web 2.0 als technische Rahmenbedingungen genauer beleuchtet.

Kapitel III stellt den Schwerpunkt der Arbeit dar. Zunächst erfolgt ein Aufzeigen der Möglichkeiten, Guerilla-Marketing außerhalb der Kommunikationspolitik einzusetzen. Es werden Guerilla-Marketing-Maßnahmen im Rahmen der Preis-, Produkt- und Distributionspolitik erarbeitet.

Im Schwerpunkt finden Maßnahmen, die man unter Guerilla-Marketing subsumiert, im Bereich der Kommunikationspolitik statt. In diesem Bereich der Arbeit werden diese genauer betrachtet und ein Einblick in die Einzelmaßnahmen gegeben.

Im Einzelnen wird in dieser Arbeit auf folgende Ausprägungen eingegangen:

- Sensation-Marketing
- Ambient-Media
- Ambush-Marketing
- Viral-Marketing

Jede dieser Guerilla-Marketing-Maßnahmen wird zunächst begrifflich abgegrenzt und im Marketing-Mix eingeordnet. Darauf folgt ein Überblick über die Entstehung und Entwicklung der jeweiligen Maßnahme. In einem weiteren Teil werden die Ausprägungen und Erscheinungsformen weiter unterteilt und erläutert.
Dazu erfolgt eine Untermauerung anhand von Praxisbeispielen und deren Bewertung.

Eine kritische Würdigung einer jeden Einzelmaßnahme bildet den letzten Unterabschnitt einer jeden Maßnahme. Diese werden in einer gesamtkritischen Würdigung am Ende von Kapitel III zusammengeführt.

Kapitel IV bildet den Schluss der Arbeit, in dem ein Ausblick auf die zukünftige Bedeutung des Guerilla-Marketings gewagt wird.

II. Rahmenbedingungen für Guerilla-Marketing in Deutschland

1. Wirtschaftliche Rahmenbedingungen

Unternehmen befinden sich heutzutage immer mehr im Kommunikations- und nicht mehr vornehmlich im Produktwettbewerb.[23] Daher wird der Kommunikation ein immer höherer Stellenwert beigemessen.
Auch der Werbemarkt befindet sich seit mehreren Jahren in einem konstanten Wandel. Immer wieder werden neue und spektakuläre Werbe- und Marketingtrends kreiert. Somit besteht die Gefahr, dass das gesamte Instrumentarium der Werbe- und Marketingmöglichkeiten nicht mehr überschaut werden kann. Eine immer feinere Segmentierung skizziert wie in anderen Branchen einen Trend weg vom Generalismus hin zur Spezialisierung. Darüber hinaus entstehen durch diese Spezialisierung Nischen, die nur von wenigen Spezialisten bedient werden können.

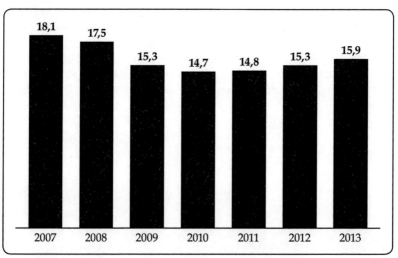

Abb. 3: Werbeausgaben in Deutschland (in Milliarden Euro)
Quelle: in Anlehnung an: PricewaterhouseCoopers (2009), o. S.

---

23   Vgl. Nufer, G./Rennhak, C. (2008), S. 2

Wie Abb. 3 zeigt, sind die Werbeausgaben seit 2007 konstant rückläufig. In den kommenden Jahren wird zwar wieder mit einem leichten Anstieg gerechnet, allerdings handelt es sich dabei bisher nur um Prognosen. Es ist nicht davon auszugehen, dass die Ausgaben in einem überproportionalen Rahmen steigen und das Niveau von 2007 oder gar davor erreichen.

Für 2010 könnte es jedoch bereits zu einem Anstieg der Werbeausgaben kommen, wenn Unternehmen auf vernetzte Werbekonzepte, Produktinnovationen und neue Formate setzen. Des Weiteren besteht die Aussicht auf ein werbeaktives Sportjahr.[24]

Darüber hinaus wächst eine junge Zielgruppe heran, die deutlich werbekritischer als bspw. die Generation 50+ ist.[25] „Das heißt aber nicht, dass sie generell Werbung ablehnen. Im Gegenteil, sie finden Werbung notwendig und gut, stellen aber deutlich höhere Anforderungen."[26] Besonders wichtig sind der jungen Zielgruppe Werbeformen, bei der der Empfänger einer Werbebotschaft über Nähe und Distanz selbst entscheiden kann.[27] Ebenso schätzt die junge Zielgruppe Werbung, die weniger auf rationale Argumentation und mehr auf Emotionen setzt.[28] „Nicht nur argumentieren, sondern auch zeigen, vorführen, emotionalisieren, verführen lautet die Devise."[29] All diese Ansprüche sind mit den klassischen Medien schwer vermittelbar. Deswegen setzen immer mehr Unternehmen auf nicht-klassische Werbung. Speziell Guerilla-Marketing ist sehr gut geeignet, den Anforderungen der jungen Zielgruppe gerecht zu werden.

---

24 Vgl. W&V Media (2010), S. 10
25 Vgl. tfactory (2008), S. 29
26 ebd.
27 Vgl. ebd, S. 31
28 Vgl. ebd., S. 37
29 ebd.

2. Technische Rahmenbedingungen

Immer öfter findet die Nachberichterstattung zu außergewöhnlichen Werbeaktionen im Internet statt. Dabei geht die Intension oftmals nicht von Unternehmen, sondern von den Konsumenten aus. Besonders im Bereich Viral-Marketing – einer der Ausprägungen des Guerilla-Marketings – ist es wichtig, die Bedeutung des Internets zu analysieren.

Im vergangenen Jahrzehnt unterlag die Kommunikationspolitik einem erheblichen Wandel. Zum Ende des 20. Jahrhunderts vollzog sich die Kommunikation zwischen Unternehmen und Kunden über die klassischen Instrumente.[30] Fernsehwerbung, Anzeigen und Plakate dominierten die Kommunikation.

Die rasante Verbreitung des Internets mit seinen Diensten, wie dem World-Wide-Web und der elektronischen Mail, haben eine grundlegende Veränderung der Kommunikation nach sich gezogen. Wie Abb. 4 zeigt, nutzten 1997 nur 6,5 % der Bundesbürger das Internet, in 2009 waren es bereits 67,1 %.[31]

	1997	1998	1999	2000	2001	2002	2003	2004	2005	2006	2007	2008	2009
gelegentliche Onlinenutzung													
in Prozent	6,5	10,4	17,7	28,6	38,8	44,1	53,5	55,3	57,9	59,5	62,7	65,8	67,1
in Millionen	4,1	6,6	11,2	18,3	24,8	28,3	34,4	35,7	37,5	38,6	40,8	42,7	43,5

Abb. 4: Entwicklung der Onlinenutzung 1997 bis 2009
Quelle: in Anlehnung an: Van Eimeren, B./Frees, B. (2009 a), S. 335

---

30 Vgl. Bruhn, M. (2009), S. 356
31 Vgl. Van Eimeren, B./Frees, B. (2009 a), S. 335

	Gesamt		14- bis 29-Jährige		30- bis 49-Jährige		über 50-Jährige	
	2008	2009	2008	2009	2008	2009	2008	2009
Frauen	59,6	60,1	94,5	96,8	75,3	80,9	33,8	30,5
Männer	72,4	74,5	96,9	95,4	88,8	87,4	45,6	52,7

Abb. 5: Internetnutzung in Deutschland 2008 und 2009 (nach Geschlecht/in %)
Quelle: in Anlehnung an: Van Eimeren, B./Frees, B. (2009 a), S. 338

Wie Abb. 5 zeigt, besteht noch immer ein sichtbarer Unterschied zwischen männlichen und weiblichen Internetnutzern. 60,1 % der Frauen nutzten in 2009 gelegentlich das Internet. Im gleichen Zeitraum bedienten sich 74,5 % der Männer dieses Mediums. Eine Differenz im Nutzungsverhalten von Männern und Frauen zieht sich durch fast alle Altersgruppen. Allein in der Altersgruppe der 14- bis 29-Jährigen waren die weiblichen Nutzer in der Überzahl. Allerdings ist dieser Unterschied zu vernachlässigen, da im Jahr 2009 über 95 % dieser Altersgruppe gelegentlich das Internet nutzte.

	2004	2005	2006	2007	2008	2009
Modem	34	25	25	18	10	9
ISDN	40	38	24	20	16	15
Breitband	24	36	48	59	70	72

Abb. 6: Internetzugang 2004 bis 2009 (in %)
Quelle: in Anlehnung an: Van Eimeren, B./Frees, B. (2009 b), S. 349

Wie Abb. 6 zeigt, nutzen inzwischen 72 % der mit Internet ausgestatteten Privathaushalte Breitbandverbindungen. Die Medienbranche hat darüber hinaus noch eine weitere Vision: Internetnutzer werden in Zukunft vor dem Fernseher sitzen und wie selbstverständlich Internet und Fernsehen an einem Gerät nutzen.[32]

---

32 Vgl. Van Eimeren, B./Frees, B. (2009 b), S. 349

	2005	2006	2007	2008	2009
Volumentarif	19	9	6	3	2
Zeittarif	19	19	14	4	3
Internet by Call	36	11	4	1	1
Flatrate	18	50	69	86	87
weiß nicht	8	9	7	4	6

Abb. 7: Abrechnung der Onlineverbindungen 2004 bis 2009 (in %)
Quelle: in Anlehnung an: Van Eimeren, B./Frees, B. (2009 b), S. 349

Durch den verstärkten Einsatz von Flatrates (siehe Abb. 7) und der damit verbundenen Unabhängigkeit zwischen Verweildauer und Kosten ist es für den Nutzer finanziell unerheblich geworden, wie lange er das Internet nutzt.

Das kommerziell nutzbare Internet – das World-Wide-Web – existiert seit 1995. Jedoch war es in der Anfangszeit noch recht unspektakulär und aufgrund geringer Datenübertragungsraten sehr langsam. In dieser Zeit präsentierte sich das Web lediglich mit einigen wenigen Markenauftritten. Dabei stand ausschließlich die Informationsbeschaffung im Fokus.[33]

Verstärkt wurde die dialogorientierte Kommunikation durch die Anwendungen des Web 2.0. Dahinter verbergen sich Internetanwendungen, die es dem Benutzer stark vereinfachen, Inhalte im Internet zu publizieren. Zu den zentralen Anwendungen gehören u. a. soziale Netzwerke, Blogs und Podcasts.

Aber auch Unternehmen ermöglicht das Web 2.0 völlig neue Dimensionen der Kundenkommunikation. Die Partizipation der Konsumenten in allen Bereichen des Marketings sowie eine zeit- und ortsunabhängige Kommunikation brechen mit den bisherigen Regeln der Kommunikation. Die veränderten Bedingungen machen es den Unternehmen möglich, mit potentiellen Kunden aktiv und direkt in Kontakt zu treten.

---

33   Vgl. Kaul, H./Steinmann, C. (2008), S. 40

3. Ziele

Dementsprechend lassen sich folgende Ziele für erfolgreiche Guerilla-Marketing-Maßnahmen festhalten:

- unkonventionelle Art der Übermittlung einer Werbebotschaft
- kostengünstige Alternative zu klassischen Werbemaßnahmen
- gezielte Ansprache der gewünschten Zielgruppe
- auf die Zielgruppe abgestimmte Art der Maßnahmen
- mediale Aufmerksamkeit erzielen

III. Analyse der Vorteilhaftigkeit von Guerilla-Marketing als ganzheitlicher Marketingansatz

1. Guerilla-Marketing in der Preispolitik

Guerilla-Markteing im Rahmen der Preispolitik wird auch als Guerilla-Pricing bezeichnet.

„Die Preispolitik beschäftigt sich mit der Festlegung der Art von Gegenleistungen, die die Kunden für die Inanspruchnahme der Leistungen eines Unternehmens entrichten."[34]

Darunter versteht man strategische Überlegungen, die immer im Zusammenhang mit preispolitischen Entscheidungen stehen und aggressiv und überraschend zum Konsumenten kommuniziert werden.[35]

Folgendes Beispiel aus den 80er Jahren wird in der Fachliteratur oft in diesem Zusammenhang zitiert:

Der Newcomer auf dem amerikanischen Windelmarkt, die Firma Drypers, griff den Marktführer Procter&Gamble mit Billigwindeln an. Procter&Gamble reagierte mit einer großangelegten Kampagne. In allen Regionen, in denen Drypers sein neues Produkt eingeführt hatte, gab Procter&Gamble Coupons im Wert von zwei Dollar heraus. Üblich waren damals Coupons mit einem Wert von 75 Cent. Diesem preispolitischen Gegenschlag war Drypers nicht gewachsen, eine wirksame Coupon-Gegenkampagne konnte sich Drypers nicht leisten. Drypers schaltete daraufhin Zeitungsanzeigen, in denen man den Verbrauchern anbot, die ausgegebenen Coupons von Procter&Gamble auch beim Kauf von Drypers-Windeln einzulösen. Diese Aktion erhöhte den Marktanteil von Drypers innerhalb weniger Wochen um 15 Prozent.[36]

---

34 Bruhn, M (2009), S. 165
35 Vgl. Schulte, T. (2007), S. 98
36 Vgl. Kahlsdorf, o. J., o. S.

Ein aktuelleres Beispiel gibt die Kampagne von Media Markt anlässlich der Fußball-Europameisterschaft 2004 in Portugal. Die deutsche Nationalmannschaft ging als klarer Außenseiter in dieses Turnier. Das Unternehmen warb mit folgendem Text online und in verschiedenen Printmedien:

„Und so bekommen Sie ihn: Wenn Deutschland Fußball-Europameister in Portugal wird, kriegt jeder, der bei uns am Dienstag, den 1. Juni 2004, einen Fernseher kauft, den vollen Kaufpreis zurück. Wer also heute woanders einen Fernseher kauft, ist wirklich blöd. Wer bis Mittwoch wartet erst recht. Bei Europas Nummer 1 hat man garantiert nichts zu verlieren."

Die Chance, dass Deutschland den Titel in Portugal holt, war verschwindend gering. Jedoch dachten viele Verbraucher sicher noch an die Fußball-Weltmeisterschaft 2002 in Südkorea und Japan. Auch da war Deutschland als Außenseiter in das Turnier gestartet und stand plötzlich im Finale gegen Brasilien. Die Partie endete damals 2:0 für Brasilien. Da Brasilien aufgrund seiner geografischen Lage nicht an der Europameisterschaft 2004 teilnahm, rechneten sich viele Konsumenten doch Chancen für die DFB-Elf aus und nutzten die Möglichkeit, eventuell ihr Geld für den Fernseher zurückzubekommen.
Europameister 2004 wurde die Mannschaft aus Griechenland. Deutschland scheiterte bereits in der Vorrunde und schied aus dem Turnier aus.

Oft wird Guerilla-Marketing mit der Aussage „Schlage den Gegner mit seinen eigenen Waffen" gleichgesetzt. Dies kann sich allerdings als schlechter Rat herausstellen, da der Gegner seine eigenen Waffen meist am besten kennt.[37]

---

37 Vgl. Kuttelwascher, F. (2006), S. 32

2. Guerilla-Marketing in der Produktpolitik

Auch in der Produktpolitik kann Guerilla-Marketing zum Einsatz kommen.

„Die Produktpolitik beschäftigt sich mit sämtlichen Entscheidungen, die in Zusammenhang mit der Gestaltung des Leistungsprogramms einer Unternehmung stehen und das Leistungsangebot (Sach- und Dienstleistungen) eines Unternehmens repräsentieren."[38]

Im Bereich der Produktpolitik unterscheidet man zwischen Produktinnovation und Produktdifferenzierung. Bei Produktinnovationen handelt es sich um die Entwicklung eines neuen Produktes. Diese können sowohl in neue Produkte für das Unternehmen, als auch in völlig neue Produkte auf dem Markt unterschieden werden. Unter Produktdifferenzierung hingegen versteht man die Veränderung eines Basisproduktes und die Aufnahme dieser modifizierten Produkte in die Produktpalette.[39]

In beiden Bereichen kann Guerilla-Marketing zum Einsatz kommen, insbesondere jedoch im Hinblick auf die Produktgestaltung, die Verpackung und die Benennung eines Produktes.[40] Guerilla-Marketing in der Produktpolitik, auch Guerilla-Producing genannt, bezeichnet also Strategien, die im Zusammenhang mit dem eigentlichen Produkt stehen.[41]

Seit Sommer 2000, also bereits seit zehn Jahren, präsentiert die Firma Spreewaldhof ihre bekannten Spreewaldgurken nicht mehr nur im Vorratsglas, sondern einzeln in modischen Ringpull-Dosen. Dieser Snack mit dem Namen „Get One!" wird vor allem an Tankstellen, in Discotheken und Sportstudios zum Kauf angeboten.
Damit weicht Spreewaldhof erfolgreich von der klassischen Verpackungsart und dem Vertriebsweg von Gurken ab.[42]

---

38 Bruhn, M. (2009), S. 123
39 Vgl. Weis, H. C. (2009), S. 240 ff.
40 Vgl. Guerilla Marketing Portal (2007), o. S.
41 Vgl. Schulte, T. (2007), S. 98
42 Vgl. Schulte, T. (2007), S. 102

3. Guerilla-Marketing in der Distributionspolitik

Guerilla-Distributing bezeichnet Ausprägungen des Guerilla-Marketings in der Distributionspolitik bzw. in der Vertriebspolitik und steht im Zusammenhang mit dem Weg des Produktes vom Produzenten zum Konsumenten.[43]

„Die Vertriebspolitik beschäftigt sich mit sämtlichen Entscheidungen, die sich auf die direkte und/oder indirekte Versorgung der Kunden mit materiellen und/oder immateriellen Unternehmensleistungen beziehen."[44]

Demzufolge kann auch im Bereich der Distributionspolitik Guerilla-Marketing betrieben werden, um über die Absatzwege, die Einschaltung des Handels sowie die Marketinglogistik zu entscheiden.[45]

So hatte sich der Weltbild-Verlag zu Eigen gemacht, die Bände der Harry-Potter-Reihe zur Geisterstunde auszuliefern. Kunden, die den jeweiligen Band vorbestellt hatten, konnten den Zeitpunkt der Lieferung frei wählen. Die Option der Blitzzustellung zur Geisterstunde zwischen Mitternacht und zwei Uhr morgens am Tag der Veröffentlichung war dabei ohne Aufpreis buchbar.[46]

---

43 Vgl. Schulte, T. (2007), S. 98
44 Bruhn, M. (2009), S. 245
45 Vgl. Guerilla Marketing Portal (2007), o. S.
46 Vgl. Schulte, T. (2007), S. 104

4. Guerilla-Marketing in der Kommunikationspolitik

4.1 Sensation-Marketing

4.1.1 Begriffsabgrenzung und Einordnung

Sensation-Marketing wird oft synonym für eigentliche Guerilla-Marketing-Maßnahmen verwendet. Man könnte Sensation-Marketing auch als Guerilla-Marketing im engeren Sinne verstehen.

Für den Autor erscheint es allerdings wichtig, eine klare Abgrenzung zu ziehen. Bei Sensation-Marketing handelt es sich nach Ansicht des Autors lediglich um eine Ausprägung des Guerilla-Marketings. Jedoch wird Sensation-Marketing oftmals als die Guerilla-Marketing-Maßnahme schlechthin bezeichnet und mit Guerilla-Marketing gleichgesetzt. Dabei bleibt meist unbeachtet, dass Guerilla-Marketing mehr als die außergewöhnliche Aktion ist und neben der Kommunikationspolitik auch im Bereich der Produkt-, Preis- und Distributionspolitik Anwendung findet. Sensation-Marketing als eigenständige Kategorie des Guerilla-Marketings hingegen ist genau diese außergewöhnliche Aktion.

Im Sensation-Marketing geht es um außergewöhnliche Aktionen und Ereignisse, die meist mit einem Tabu brechen, einen Aha- oder sogar Schockeffekt hervorrufen.

Bei Sensation-Marketing handelt es sich um einmalige Aktionen. Eine Aufsehen erregende, spektakuläre Aktion soll das Publikum faszinieren. Sensation-Marketing zielt darauf ab, Werbung als Erlebnis zu empfinden und nicht als störenden Faktor.[47]
Somit kann erreicht werden, dass Sensation-Marketing und die damit verbundene Werbung nicht mehr als störend empfunden wird, sondern als Erlebnis wahrgenommen wird.[48]

---

47 Vgl. Trautz, R. (2004), S. 4
48 Vgl. marketing.ch, o. J., o. S.

„Überraschend, spektakulär und einzigartig. Eine einmalige Aktion mit Eventcharakter."[49]

Treffender lässt sich die Charakteristik von Sensation-Marketing nicht beschreiben. Sensation-Marketing ist überraschend, weil es dem Konsumenten unerwartet begegnet. Meist handelt es sich um spektakuläre Aktionen, die nicht wiederholbar sind und daher als einzigartig bzw. einmalig angesehen werden müssen.

Die Einordnung von Sensation-Marketing im Marketing-Mix zeigt Abb. 8.

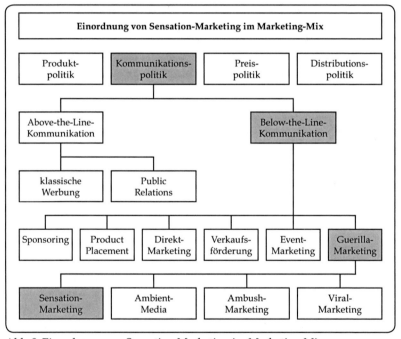

Abb. 8: Einordnung von Sensation-Marketing im Marketing-Mix
Quelle: eigene Darstellung

---

49   Ragusa, L. (2006), S. 6

4.1.2 Betrachtung ausgewählter Praxisbeispiele

Mini
Die Markteinführung des Mini Cooper wurde fast ausschließlich von Guerilla-Marketing-Maßnahmen begleitet. So wurde der Mini bspw. als „Zuschauer" bei einem Basketballspiel direkt hinter dem Basketballkorb platziert.[50] Damit war ihm die mediale Präsenz sicher. Doch auch im Bereich des Sensation-Marketings tauchen immer wieder außergewöhnliche Aktionen im Zusammenhang mit Mini auf.

Amnesty International
Amnesty International machte mit einer provokanten Aktion auf sich aufmerksam. Ziel von Amnesty International war es, den in Deutschland lebenden Menschen zu verdeutlichen, dass Menschenrechtsverletzungen in vielen Ländern dieser Welt keine Seltenheit darstellen. So wurden in deutschen Großstädten Gullydeckel mit sichtbaren menschlichen Händen installiert. Die Hände waren mit „falsche Hautfarbe", „falscher Glaube" und „falsche Meinung" versehen.[51]
Durch die Platzierung der Kampagne in stark frequentierten Fußgängerzonen wurde den Betrachtern der Kontrast zwischen eigenem Wohlstand und dem Schicksal der zu Unrecht Inhaftierten besonders deutlich.[52]

Kellogg's Special K
Wie schafft man es, Menschen davon zu überzeugen, dass es höchste Zeit ist, sich fettärmer zu ernähren. Kellogg's baute dafür eine Parkbank auf, die rein äußerlich von einer normalen Parkbank nur durch ein kleines Schild mit der Aufschrift „Höchste Zeit für Kellogg's Special K. 99 % fettfrei." zu unterscheiden war. Den eigentlichen Unterschied bemerkte man allerdings, wenn man sich auf die Parkbank setzte. Die einzelnen Latten der Bank gaben nach und bogen sich unter dem Gewicht nach unten.[53]

---

50 Vgl. Heffels, Guido (2006), S. 115
51 Vgl. Holland, H. (2007), o. S.
52 Vgl. Fachverlag für Marketing & Trendinformationen, o. J., o. S.
53 Vgl. o. V. (2003), S. 23

4.1.3 Kritische Würdigung

Sensation-Marketing oder Guerilla-Marketing im engeren Sinne bringt den Konsumenten Werbung mit Hilfe von außergewöhnlichen und spektakulären Aktionen näher. Diese Form des Marketings bleibt positiv in Erinnerung, da Aktionen mit einem Eventcharakter nicht als störende Werbung wahrgenommen werden, sondern Menschen überraschen und für eine Marke oder ein Produkt begeistern können.

Oftmals handelt es sich dabei um Aktionen, die im Vergleich zu klassischer Werbung viel kostengünstiger umzusetzen sind. Dafür ist allerdings die erzielte Wirkung viel höher als über klassische Werbekanäle. Die mediale Berichterstattung über Sensation-Marketing-Maßnahmen trägt dabei noch zur weiteren Verbreitung der Werbebotschaft bei. Dadurch kann noch von einer Verstärkung der Wirkung solcher Kampagnen ausgegangen werden.

4.2 Ambient-Media

4.2.1 Begriffsabgrenzung und Einordnung

Mit Werbetexten bedruckte Klopapierrollen, Werbung auf Gullydeckeln oder auf den Böden von Golflöchern – je ausgefallener die Ideen, desto größer ist die Chance, die Zielgruppe in einem Umfeld zu erreichen, in dem sie nicht zwingend mit Werbung rechnet.[54]

Eine allgemein gültige Definition für Ambient-Media fehlt bis heute. Auslöser dafür sind unter anderem die Heterogenität der Werbeträger sowie offensichtliche Überschneidungen der Ambientmedien mit anderen Teilbereichen der Werbung wie der klassischen Außenwerbung, der Plakat- oder Luftwerbung.

Bisher haben sich im Wesentlichen zwei Begriffsbestimmungen etabliert. Zum einen versteht man Ambient-Media als „nicht klassische Formen der Außenwerbung".[55] Diese Auslegung ist sehr allgemein und umfassend. Es entstehen jedoch schnell Einordnungs- und Abgrenzungsprobleme. Allein die Unterscheidung zwischen klassischer und nicht-klassischer Außenwerbung fällt schwer. Meist sind die Grenzen in diesem Bereich als fließend zu bezeichnen. Ein weiteres Problem wirft der Begriff der „Außenwerbung" an sich auf. So fallen bspw. Toilettenwerbung oder eine Pizzaschachtel als Werbeträger nicht unter die Außenwerbung und würden nach der oben genannten Definition nicht zu Ambient-Media zählen.

Der zweite und häufiger verwendete Definitionsansatz lautet: „Ambient-Media sind Medienformate, die im Out-of-Home-Bereich der Zielgruppe planbar konsumiert werden".[56]
Diese Definition wurde im Frühjahr 1999 durch die w&p marketing GmbH aufgestellt.[57] Schlüsselbegriffe dieser Definition sind Ambient, Out-of-Home und Planbarkeit, welche nachfolgend separat beleuchtet werden.

---

54 Vgl. Förster, A./Kreuz P. (2006), S. 46, 47
55 Wehleit, K. (2004), S. 21
56 ebd., S. 25
57 Vgl. ebd.

Ambient
Der Begriff „Ambiente" beschreibt die Umgebung, die Umwelt und das Milieu eines Menschen sowie die Atmosphäre oder Stimmung, die jemanden umgibt. Ebenso stellt es das Gepräge dar, das jemand seiner Umwelt verleiht.[58] Anders ausgedrückt, findet sich Ambient-Media im lebensweltlichen Umfeld der Zielgruppe wieder.[59]

Ambientmedien können demzufolge überall dort platziert werden, wo Menschen sich aufhalten. Das Spektrum reicht dabei von der Gastronomie über Arztpraxen bis hin zu Universitäten oder sogar Altersheimen.

Out-of-Home
Eine Zuordnung der Ambientmedien zum Out-of-Home-Bereich dient der Abgrenzung zu anderen Kommunikationsformen wie bspw. dem Direktmailing oder New Media.[60] Obwohl Ambientmedien durchaus die Nähe zur Zielgruppe suchen, achten sie die Privatsphäre der Zielgruppe und grenzen sich dadurch deutlich von den oben genannten ab.
Ambient-Media hat daher den Anspruch, als unverbindlich und wenig aufdringlich zu gelten. Die Rezipienten können somit selbst entscheiden, wie tief sie in die zu vermittelnde Werbebotschaft eintauchen möchten. Ambient-Media ist es somit möglich, in das direkte Lebensumfeld der Zielgruppe vorzudringen, ohne als störend empfunden zu werden. Trotzdem können sich Konsumenten der Werbung nicht entziehen, in dem sie wegzappen, umblättern oder abschalten.

Planbarkeit
Die Planbarkeit und nicht zuletzt die Bewertung von Ambient-Media ist grundsätzlich erforderlich und möglich. Sie ist erforderlich, da der Werbetreibende möchte, dass seine Werbebotschaft die Zielgruppe auch erreicht und Kosten und Nutzen einer Kampagne in einem angemessenen Verhältnis stehen. Bewertungskriterien wie der Tausenderkontaktpreis versagen jedoch in diesem Zusammenhang.[61]

---
58 Vgl. Langenscheidt Fremdwörterbuch Online
59 Vgl. Wehleit, K. (2004), S. 24
60 Vgl. ebd., S. 25
61 Vgl. Wehleit, K. (2004), S. 25

Seit der ersten Ambient-Media-Analyse in 2004 werden hier neue Möglichkeiten geschaffen. Ziel war es, Media-Agenturen und deren Kunden eine Entscheidungsgrundlage für Ambientmedien zu liefern. Dazu haben sieben führende Spezialagenturen in einer gemeinsamen Initiative eine umfassende Analyse in Auftrag gegeben.[62]

Befragungsinhalte waren:
- Ambient-Locations und deren Besuchshäufigkeit
- Verkehrswege und Verkehrsmittel
- Kontakthäufigkeit und Reichweite der Ambientmedien, gestützt nach Locations
- Nutzung anderer Medien
- Produktinteresse und Affinitäten
- Personenstatistik

Die Ambient-Media-Analyse liefert damit vergleichbare Leistungswerte wie Reichweite, OTS-Wert[63] und GRPs[64]. Zudem ermöglicht die Analyse Auswertungen nach bekannten sozio-demographischen Standards. Sie deckt das gesamte Bundesgebiet ab und erlaubt die gezielte Auswertung aller Ortsgrößenklassen.
Nach Analyse der einzelnen Definitionsbestandteile kann wie folgt zusammengefasst werden:

„Diese Definition ist .. die meist verwendete Beschreibung des Branchensegments im deutschen Werbemarkt"[65], weist aber trotzdem Schwächen in der Zuordnung einzelner Werbeträger auf. Die Formulierung „Out-of-Home" lässt zwar Spielraum für eine Vielzahl von Platzierungsmöglichkeiten, doch erscheint dies unzureichend. Werbung auf Pizzakartons macht das Problem sehr deutlich: Der Werbekontakt findet zwar im lebensweltlichen Umfeld, jedoch nicht

---

62 Vgl. FOCUS medialine (2009), o. S.
63 OTS-Wert („Opportunity To See"):
Ein vager Richtwert, der die Kontaktwahrscheinlichkeit mit einem Werbeträger ausdrückt.
Quelle: FOCUS medialine
64 GRPs („Gross Rating Points"):
Ein aus der angelsächsischen Hörfunk- und Fernsehforschung stammendes Maß der Bruttoreichweite, das als Messgröße bei der Bewertung von Werbeplänen verwendet wird.
Quelle: FOCUS medialine
65 Wehleit, K. (2004), S. 24

im Out-of-Home-Bereich der Zielgruppe statt. Der Lieferant bringt die Pizza meist zum Wohnsitz des Kunden, also in den „Home-Bereich" des Konsumenten.

Ebenso wirkt die in der Definition beschriebene Planbarkeit dem Wesen von Ambient-Media entgegen. Diese Werbeform zeichnet sich vor allem dadurch aus, dass sie wenig standardisiert, vereinheitlicht und kategorisiert werden kann. Ambient-Media soll überraschend und ungewöhnlich sein. Daher ergibt sich die Frage, ob „Planbarkeit" als Definitionsmerkmal einen solchen Stellenwert einnehmen sollte.

Die folgenden Abbildungen (Abb. 9 und 10) verdeutlichen die Einordnungen von Ambient-Media im Marketing-Mix und Media-Mix.

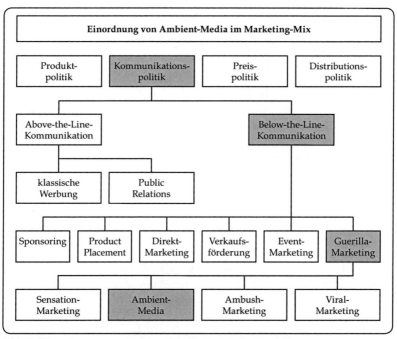

Abb. 9: Einordnung von Ambient-Media im Marketing-Mix
Quelle: eigene Darstellung

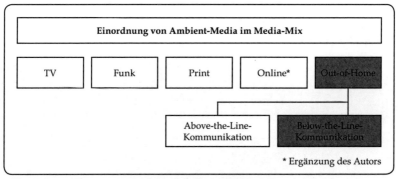

Abb. 10: Einordnung von Ambient-Media im Media-Mix
Quelle: in Anlehnung an: Wehleit, K. (2004), S. 26

4.2.2 Entstehung und Entwicklung

Mit Beginn der 90er Jahre tauchten zunächst in deutschen Großstädten und zuerst vereinzelt in der Trend- und Szenegastronomie Gratispostkarten auf.[66] Schnell breitete sich dies flächendeckend und bundesweit aus und so entstand das erste Ambient-Media-Format in Deutschland. Prägend hierfür war die Edgar Medien AG aus Hamburg.[67]

Zum Phänomen der Gratispostkarten gesellten sich bald die ersten Toilettenwerber. Sit&Watch aus Bielefeld installierte bundesweit in der Gastronomie Plakatrahmen über den Pissoirs und an den Türen der Toilettenkabinen.[68]

Im Verlauf dieser Entwicklung etablierte sich der aus England stammende Begriff der „Ambient-Media" auch in Deutschland. Vergleichswerte des britischen Marktes, wonach über einen Zeitraum von drei Jahren ein durchschnittliches jährliches Wachstum bei Ambient-Media von über 45 % erwartet werden durfte, führten zu Investitionen von etablierten Unternehmen und Start-Ups in diesem neuen Mediensegment.[69]

Bereits Ende der 90er Jahre verfügten die großen Media-Agenturen über eigene Abteilungen, die sich mit Below-the-Line-Maßnahmen und die Einbindung von Sonderwerbeformen in Cross-Media-Konzepten auseinandersetzen.[70]

---

66 Vgl. Nünning, J. (2008), S. 40
67 Vgl. Wehleit, K. (2004), S. 9
68 Vgl. ebd.
69 Vgl. ebd., S. 10
70 Vgl. ebd.

Versuche der Anbieter von Ambient-Media in den Fachverband Außenwerbung aufgenommen zu werden, scheiterten an der systematischen Zuordnung zur Außenwerbung. Ambient-Media stellte somit weiterhin eine Nische des Marktes dar. Zudem war es für die „Sonderwerber" nicht leicht, sich in einer eigenen Media-Kategorie wiederzufinden, noch dazu als Untergruppe des als klassisch und vor allem als konservativ verrufenen Segments der Außenwerber.[71] Diese Werbeform eignet sich vor allem für Produkte, die breiteste Zielgruppen flächendeckend ansprechen sollen[72] und widerspricht damit klar der Guerilla-Mentalität des neu entstandenen Mediensegments.

2001 wurde der Fachverband Ambient Media e. V. in Hamburg gegründet. Inzwischen gehören ihm 40 Mitglieder an.[73]

„Ziel ist es, Ambient-Media als innovatives, wettbewerbsfähiges und intermedial vergleichbares Basismedium zu positionieren. Dazu gehört vor allem die Stärkung der Marktposition von Ambient-Media im intermedialen Wettbewerb, u. a. durch wissenschaftliche Markt- und Meinungsforschung auf dem Gebiet des Werbewesens sowie Durchführung von eigenen und zur Unterstützung von anderen geeigneten PR- und Marketing-Aktionen. Eine nachvollziehbare Evaluierung der verschiedenen Medienträger wird angestrebt."[74]

Media-Formate wie Gratispostkarten und Toilettenwerbung haben sich mittlerweile fest etabliert. Insgesamt gibt es heute um die 500 Werbeformate, die jedoch eine mehr oder weniger große Rolle auf dem Markt spielen.
Dabei sind die Einsatzmöglichkeiten dieses Werbeträgers sehr vielfältig. Ob in der Gastronomie, im Kino oder zu Hause, die Werbeträger reichen von Pizzakartons über beleuchtete Indoorplakate bis hin zu Amber-Stix. Bei Amber-Stix handelt es sich um elektrostatisch aufgeladene Folien, die sich überall befestigen lassen.[75]

Eine Vorstellung der Einsatzmöglichkeiten von Ambient-Media folgt in einem separaten Abschnitt dieser Arbeit.

---

71 Vgl. ebd., S. 10, 11
72 Vgl. Pepels, W. (2004), S. 680
73 Vgl. Fachverband Ambient Media e. V., o. J., o. S.
74 Fachverband Ambient Media e. V. (2009), S. 2
75 Vgl. Fösken, S. (2007), S. 122

4.2.3 Ausprägungen

4.2.3.1 Mainstream-Ambient-Media

Mainstream-Ambient-Media umfasst einen Großteil aller Ambientmedien im deutschen Werbemarkt. Damit ist die Platzierung von beinahe noch klassischen Werbeformaten im direkten Umfeld der Zielgruppe gemeint. So wird bspw. ein Plakat erst durch die Platzierung innerhalb eines geschlossenen und damit homogenisierten Zielgruppenumfeldes zum Ambientmedium.[76]

Dabei kann davon ausgegangen werden, dass der Begriff „Mainstream" nicht auf uneingeschränkte Zustimmung stößt, da es sich dabei um den „Geschmack einer Mehrheit"[77] handelt und damit dem Guerilla-Charakter der Ambient-Media entgegensteht. „Mainstream" assoziiert dabei, dass es sich um ein Format handelt, das sich bereits weit verbreitet und durchgesetzt hat, schon fast als langweilig zählt. Als „Mainstream" würde man eher klassische Werbung bezeichnen, jedoch kein Werbeformat, welches seit gerade einmal 15 Jahren im deutschen Werbemarkt existiert.

---

[76] Vgl. Wehleit, K. (2004), S. 23
[77] Langenscheidt Fremdwörterbuch Online

4.2.3.2 Stunt-Ambient-Media

Unter Stunt-Ambient-Media versteht man typischerweise Aktionen mit einem Tabubruch, der einen entsprechenden Schockeffekt auslösen soll und somit die Aufmerksamkeit auf die zu kommunizierende Botschaft richtet.[78]

„In der Definition der Stunt-Ambient-Media sprechen wir von Aktionsformen, die zur Kommunikation einer (Werbe-) Aussage genutzt werden."[79]

Der Fokus liegt bei Stunt-Ambient-Media demzufolge auf der jeweiligen Aktion. Obwohl diese Maßnahmen meist im Out-of-Home-Bereich der Zielgruppe stattfinden, ist die Zuordnung zu Ambient-Media wenig aussagekräftig. Ambientmedien kommunizieren über das Medium an sich, bspw. auf Gratispostkarten oder Pizzakartons, sind oft flächendeckend und wiederholt buchbar. Stunt-Ambient-Media hingegen kommuniziert über das einmalig stattfindende Ereignis.[80]

Daher ergibt sich für den Autor, dass eine Unterteilung von Ambient-Media in Mainstream-Ambient-Media und Stunt-Ambient-Media wenig sinnvoll erscheint. Vielmehr erscheint Stunt-Ambient-Media als Synonym für Sensation-Marketing bzw. Guerilla-Marketing im engeren Sinne.

Für die Ambient-Vertreter macht diese Unterscheidung allerdings durchaus Sinn, da man das Spektrum der Ambient-Media damit künstlich erweitern konnte und den negativ belasteten Begriff des Guerilla-Marketings umgeht.

Weitaus schlüssiger sind daher die Unterscheidungen nach den jeweiligen Formaten aus Anbietersicht bzw. die Einteilung nach dem jeweiligen Lebensumfeld der Zielgruppe, auf die im Folgenden eingegangen wird.

---

78 Vgl. Wehleit, K. (2004), S. 21
79 ebd.
80 Vgl. Schulte, T. (2007), S. 40

4.2.4 Ambient-Media-Formate

4.2.4.1 Ambient-Media-Formate nach Lebensumfeldern

Wie bereits beschrieben, finden Ambientmedien im Out-of-Home-Bereich der Zielgruppe statt. Der Out-of-Home-Bereich bezeichnet dabei das jeweilige Lebensumfeld der Konsumenten. Innerhalb dieser Lebensumfelder können Werbeträger unterschiedlich eingesetzt werden.
Eine Gratispostkarte kann sowohl am Point of Leisure als auch am Point of Education eingesetzt werden. Die Unterscheidung liegt in diesem Kapitel daher ausschließlich in der Differenzierung einzelner Platzierungsmöglichkeiten und lässt dabei außen vor, dass ein und das selbe Medium in verschiedenen Lebensbereichen Anwendung finden kann.

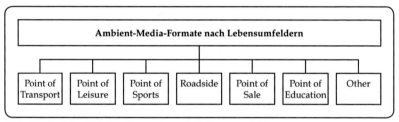

Abb. 11: Ambient-Media-Formate nach Lebensumfeldern
Quelle: in Anlehnung an: Wehleit, K. (2004), S. 29

Point of Transport
Das Lebensumfeld „Point of Transport" umfasst alle in diesem Bereich platzierten nicht-klassischen Werbemöglichkeiten, die der Definition von Ambient-Media entsprechen. Dabei stellt diese Einordnung bereits eine Überschneidung zum klassischen Outdoor-Segment dar. Formatabhängig werden Werbemöglichkeiten demzufolge dem Bereich der klassischen Außenwerbung oder Ambient-Media zugeordnet.[81]
Da es sich in diesem Bereich nicht hauptsächlich um den Transportsektor als Werbeträger handelt, sondern vielmehr auch die Bewegung des Einzelnen mit verschiedenen Verkehrsmitteln einschließt, erscheint eine Umbenennung in „Point of Travel" als sinnvoll. Dabei wird der Transportbereich schlussendlich nicht aus diesem Bereich verbannt, sondern fließt in den Bereich „Point of Travel" als Teilbereich ein.

Point of Leisure
„Point of Leisure" fasst den gesamten Bereich der Freizeitlocations zusammen. Beispielhaft dafür sind Trend- und Erlebnisgastronomie, Restaurants und Freizeitparks. Dieser Bereich hat innerhalb der Ambient-Media eine zentrale Bedeutung. Die Werbeindustrie setzt Ambient-Media im Bereich „Point of Leisure" sehr gern ein. Gratispostkarten und Toilettenwerbung haben in diesem Lebensumfeld ihren Ursprung und haben sich vor allem im Bereich der Gastronomie bereits etabliert.[82]

Point of Sports
In diesem Lebensbereich finden sich sowohl dauerhafte Sportstätten wie Tennishallen oder Fitness-Studios, als auch saisonale sportliche Treffpunkte wie etwa Skigebiete wieder.[83]
Nach Ansicht des Autors bedarf es dieser Untergliederung nicht. Sowohl im Bereich der dauerhaften Sport- und Freizeiteinrichtungen, als auch in saisonalen Bewegungsangeboten, findet dies im Rahmen der Freizeitgestaltung statt. Ob ein Konsument seine Freizeit auf einer Bowlingbahn oder beim Squash, beim Treffen mit Freunden in einer Szenekneipe oder bei einem gemütlichen Abendessen in einem Restaurant verbringt, spielt für die Zuordnung keine Rolle. Eine Zu-

---

81 Vgl. Wehleit, K. (2004), S. 28
82 Vgl. Wehleit, K. (2004), S. 29
83 Vgl. Wehleit, K. (2004), S. 29

ordnung der Kategorie „Point of Sports" unter „Point of Leisure" erscheint sinnvoll.

Roadside
„Roadside" bezeichnet Werbung u. a. in Telefonzellen und Bushaltestellen. Dabei handelt es sich nicht um eine wirkliche zielgruppenspezifische Abgrenzung zum Outdoor-Segment. Im Allgemeinen versteht man unter „Roadside" großflächige Werbeformate entlang von Straßen. Eine Abgrenzung und Zuordnung zu Ambient-Media findet nur dadurch statt, dass es sich nicht um Standardformate handelt.[84]
Nach Ansicht des Autors ist diese Kategorie schon aufgrund der geringen Bedeutung erlässlich. Darüber hinaus fällt auf, dass es sich bei „Roadsides" um Werbeformate im öffentlichen Verkehrsraum handelt. Daher erscheint eine Zuordnung zur Kategorie „Point of Transport"/„Point of Travel" als sinnvoll.

Point of Sale
Der Definition folgend, dass es sich bei Ambient-Media um Formate handelt, die planbar im Out-of-Home-Bereich konsumiert werden, muss festgestellt werden, dass sämtliche Maßnahmen am Point of Sale unter die Ambientmedien zu subsumieren sind.[85]

Point of Education
„Schulen und Universitäten bündeln eine junge, werbeaffine Zielgruppe."[86] Das Interesse, in diesem Bereich Werbebotschaften zu platzieren, ist hoch. Zumindest im Bereich der Schulen scheitert dies jedoch (derzeit noch) an den gesetzlichen Vorschriften. Universitäten sind dagegen diesbezüglich recht gut erschlossen. Auch im Bereich der Schulen wird mittelfristig mit einer Aufweichung der Restriktionen zu rechnen sein.[87]

---

84 Vgl. ebd.
85 Vgl. ebd.
86 Wehleit, K. (2004), S. 29
87 Vgl. ebd., S. 29, 30

Other
Unter dem Lebensbereich „Other" werden alle Ambientmedien zusammengefasst, die nicht unter eine der anderen Kategorien einzuordnen sind.[88] Auch lässt dieser Bereich den kreativen Spielraum, neue Ideen zu entwickeln und das Spektrum beliebig auszudehnen. In der vorliegenden Definition fallen bspw. Werbeträger in Krankenhäusern und Büchereien in den Bereich „Other".[89] Für Büchereien würde eine Zuordnung je nach Nutzung zum Lebensumfeld „Point of Leisure" oder, falls es sich um Vor-/Nachbereitungen von Unterrichten oder Vorlesungen handelt, dem Lebensbereich der Education treffender sein.

Abschließend kann festgehalten werden, dass es sich bei der bisherigen Einteilung der Formate nach Lebensumfeld um ein aufgeblähtes Konstrukt handelt. Im Folgenden wird eine vereinfachte Aufteilung (Abb. 12) vorgenommen.

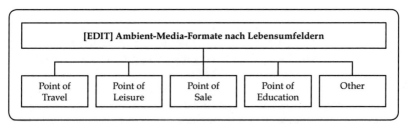

Abb. 12: [EDIT] Ambient-Media-Formate nach Lebensumfeldern
Quelle: in Anlehnung an: Wehleit, K. (2004), S. 29

---

88 Vgl. ebd., S. 30
89 Vgl. ebd.

4.2.4.2 Ambient-Media-Formate aus Anbietersicht

Auch im Bereich dieser Unterscheidung hat sich keine einheitliche Strukturierung durchgesetzt. Als Grundlage dient die folgende Einteilung (Abb. 13).

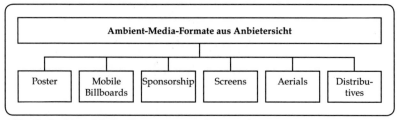

Abb. 13: Ambient-Media-Formate aus Anbietersicht
Quelle: in Anlehnung an: Wehleit, K. (2004), S. 27

Poster
Poster grenzen sich durch Sonderformate und ihre Platzierung im direkten Lebensumfeld der Zielgruppe von klassischen Plakaten ab. Die geografische Zuordnung und Buchung erfolgt über den Postleitzahlenbereich. Allerdings wirft diese Kategorisierung wiederum Probleme auf. Während ein nicht-klassisches Posterformat innerhalb eines Verkehrsmittels nach seiner Definition nicht als „Poster" gilt, da es nicht eindeutig örtlich zuzuordnen ist, wird ein großformatiges Poster auf einem LKW solange als „Poster" angesehen, wie sich der LKW dauerhaft innerhalb eines Postleitzahlenbereichs aufhält.[90]

Mobile Billboards
Als „Mobile Billboards" oder mobile Poster werden bewegbare und bewegte Werbeflächen bezeichnet, welche sich auch über mehrere Postleitzahlenbereiche hinausbewegen dürfen, allerdings „erdgebunden" sein müssen. Der Zusatz „erdgebunden" dient als klare Unterscheidung zu „luftmobilen" Werbeformaten. Beispiele, die den Unterschied zu den vorher beschriebenen Postern verdeutlichen, sind bspw. Poster in Zügen der Deutschen Bahn AG oder an LKW's, die überregional verkehren und somit nicht nach örtlichen Kriterien erfasst oder gebucht werden können.[91]

---

90 Vgl. Wehleit, K. (2004), S. 27
91 Vgl. Wehleit, K. (2004), S. 27

Sponsorship
Beim Sponsorship ist der Übergang zwischen klassischem Sponsoring und Ambient-Media eine Frage der Definition. Im britischen Markt wird Sponsoring unter dem Dach der Ambient-Media akzeptiert.[92] In Deutschland hat sich Sponsoring jedoch bereits als eigenständige Below-the-Line-Maßnahme etabliert. Daher macht nach Meinung des Autors eine Zuordnung unter Ambient-Media wenig Sinn.

Screens
Screens bezeichnen jegliche Formen bewegter Bilder oder Projektionen im Out-of-Home-Bereich. Darunter fallen bspw. Großbildleinwände und Infoscreens in öffentlichen Verkehrsmitteln.[93]
Die Zuordnung aller Projektionen zu Ambient-Media stellt der Autor in Frage. Nach seiner Auffassung handelt es sich hierbei um Sensation-Marketing. So überraschte bspw. Simyo am 22. Januar 2010 mit einer Projektion an das Vodafone-Haus in Düsseldorf. Unterhalb des am Gebäude angebrachten Vodafone-Logos wurde eine riesige SIM-Karte und der Slogan „Tue Gutes in dein Handy" projiziert.[94]

Aerials
Der Kategorie „Aerials" werden alle Möglichkeiten der luftbeweglichen Werbeformen zugeordnet. Während Zeppeline, Banner hinter Sportflugzeugen oder Heißluftballons im Außenbereich eingesetzt werden, tauchen elektronisch gesteuerte Zeppeline in verschiedenen Formen immer häufiger auch im Indoorbereich, bspw. bei Messen, auf.[95]

Auf der Frankfurter Buchmesse machte Eichborn, der Verlag mit der Fliege im Logo, auf besondere Art auf sich aufmerksam.
Jung von Matt bestückte für Eichborn 200 Fliegen mit einem ultraleichten Miniaturbanner und ließ diese auf der Frankfurter Buchmesse frei. Befestigt wurden die Fliegenbanner mit einem speziellen Wachs, der sich nach wenigen Stunden von selbst löste.[96]

---

92 Vgl. ebd., S. 28
93 Vgl. Wehleit, K. (2004), S. 28
94 Vgl. Simyo GmbH (2010), o. S.
95 Vgl. Wehleit, K. (2004), S. 28
96 Vgl. Jung von Matt/Neckar GmbH (2009), o. S.

Gerade im Bereich von Messen sind die Anforderungen der Kunden in den letzten Jahren stark gestiegen. Dies führte bei den Betreibern von Messeständen zu einem Umdenken. Dank Guerilla-Marketing in diesem Bereich ist es möglich, Interessierte für einen Besuch auf dem Messestand zu gewinnen und deren Aufenthalt, sei er auch noch so kurz, einprägsam zu gestalten.[97]

Distributives
Als „Distributives" werden alle Formen von „begreifbaren" Ambientmedien bezeichnet, die von der Distribution an den Rezipienten abhängig sind. Zu den Distributives zählen alle Werbemittel, die der Rezipient direkt nutzen bzw. mitnehmen kann. Dazu zählen mit Werbung bedruckte Bierdeckel ebenso wie die Gratispostkarten in der Gastronomie. Auch Samplings gehören zu dieser Kategorie, allerdings nur, wenn sie deutlich erkennbar als Werbeträger oder Werbemittel eingesetzt sind.[98]

Other
Wie bereits bei der Zuordnung der Ambient-Media nach Lebensumfeldern festgestellt wurde, unterliegen Ambientmedien einem ständigen Wandel und leben von der Kreativität ihrer Macher. Ambient-Media ist somit ständig auf der Suche nach neuen Werbeträgern und Werbemitteln.
Insofern empfiehlt sich auch in diesem Bereich eine Art Sammelbecken für die vielfachen Ambientmedien, für die sich nur schwer übergeordnete Gattungen finden lassen.

---

97 Vgl. Bittner-Posavec, S. (2008), S. 67
98 Vgl. Wehleit, K. (2004), S. 28

Zusammenfassend kann die bereits oben verwendete Abbildung (Abb. 13) insoweit verändert werden (siehe Abb. 14), dass auf die Kategorie „Sponsoringship" verzichtet wird, da Sponsoring bereits eine etablierte Form der nicht-klassischen Werbemaßnahmen darstellt. Darüber hinaus empfiehlt sich eine Erweiterung um die Kategorie „Other".

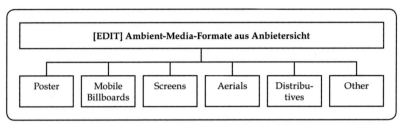

Abb. 14: [EDIT] Ambient-Media-Formate aus Anbietersicht
Quelle: in Anlehnung an: Wehleit, K. (2004), S. 27

4.2.5 Einsatzmöglichkeiten

Wie bereits beschrieben, sind der Kreativität beim Einsatz von Ambientmedien keine Grenzen gesetzt. Daher ist es hier auch nicht möglich eine abschließende Aufzählung aller Einsatzmöglichkeiten zu geben. Eine Auswahl sollen die folgende Beispiele bieten:[99]

Gratispostkarten
Mit Gratispostkarten in Wandhaltern und Ständern kann eine aktive sowie konsumfreudige Zielgruppe sympathisch angesprochen werden.

Toilettenwerbung
In den Sanitärbereichen ist es für die Zielgruppe fast unmöglich, sich diesem Medium zu entziehen. Darüber hinaus besteht der Vorteil der geschlechtsspezifischen Buchung.

Getränkeuntersetzer
Wohl das weit verbreitetste Ambientmedium in der stark frequentierten Gastronomie. Durch spielerische und individuelle Gestaltung kann die Zielgruppe direkt erreicht werden.

Plakatrahmen
Dieses Medium ist geeignet, hohe Kontaktzahlen zu erreichen, wenn es an stark frequentierten Punkten ggf. in außergewöhnlichen Formaten platziert wird.

Pizzakartons
Gemäß der Definition ist dies eigentlich nicht Ambient-Media zuzuordnen, da die Aufmerksamkeit des Mediums erst seine Wirkung im Home-Bereich entfaltet.

---
99 Vgl. Fachverband Ambient Media e. V. (2007), S. 16 ff.

Spiegelwerbung
Spiegelwerbung ist in der Gastronomie und in Sportstätten sehr verbreitet. Die Werbebotschaft schaut der Zielgruppe sprichwörtlich direkt ins Gesicht. Ein Ausweichen ist fast unmöglich.

Duschraumwerbung
Durch das affine und persönliche Ambiente erleben vor allem sportliche Zielgruppen die Werbebotschaft von Pflegeprodukten hautnah.

Aufsteller
Durch ihre Größe und die Platzierung an frequentierten Laufwegen, vor allem direkt am Point of Sale, wird eine starke Präsenz ermöglicht.

Banner
Dabei handelt es sich um beleuchtete mobile Werbeträger, deren Platzierung innerhalb ihres Umfeldes flexibel auf die Betrachter änderbar ist.

Samplings
Die Verteilung von Produktproben generiert eine hohe Kontaktqualität und kann somit den Bekanntheits- und Sympathiewert einer Marke steigern.

Zapfpistolen
Dabei handelt es sich um das ideale Medium, um Autofahrer zu erreichen. Neben Botschaften aus dem Mobilitätsbereich, werden Produkte beworben, die direkt im Shop erhältlich sind.

Spindwerbung
Vor allem in Schwimm- und Fitnesseinrichtungen wird die sportaffine Zielgruppe in einem entspannten Umfeld meist von der Werbebotschaft überrascht.

Popcorntüten
Für die meisten Kinobesucher ist Popcorn ein Muss. Darüber hinaus wird das mit Werbung bedruckte Medium auch stolz durch das Kinofoyer getragen.

Stahlblechplakate
Dabei handelt es sich um individuell geformte Plakate aus Metall, die meist an exponierten Stellen in der Gastronomie angebracht sind.

Coffee-to-go-Becher
Gebrandete Becher sorgen für lange Kontakt-zeiten beim Genuss. Außerdem werden andere Konsumenten durch das Herumtragen des Bechers in Stadt oder Universität aufmerksam.

Türwerbung
Dabei handelt es sich um bedruckte Folien an Automatiktüren. Der Verbraucher muss meist direkt auf die Werbebotschaft zugehen, um das gewünschte Geschäft betreten zu können.

Thekenaufsteller
Die Werbebotschaft wird in einem Moment besonderer Konzentration wahrgenommen.
Daher ist das Medium für Samplings besonders geeignet.

Hinterleuchtete Motion-Citylight-Poster
Bei diesen Cityligt-Postern handelt es sich um große beleuchtete Flächen, die Bewegtbilder transportieren können. Sehr beliebt ist der Einsatz im Kinobereich.

Motion Ads
Dabei handelt es sich um das erste Ambientmedium, bei dem durch Interaktion zwei Motive zu sehen sind. Durch die aktive Teilnahme kann eine hoher Wirkung erzielt werden.

City-Cruiser
City-Cruiser können als voll- oder teilgebrandete mobile Werbemittel eingesetzt werden. Oft sind sie in Stadtzentren und in der Umgebung von touristischen Sehenswürdigkeiten anzutreffen.

Logofrüchte
Mit Hilfe von Lasertechnik ist es möglich, innovative Inschriften in verschiedene Lebens-mittel zu bringen. Teilweise ist es auch möglich, dies mit dem natürliche Reifeprozess zu erreichen.

Fahrzeugwerbung
Gebrandete Fahrzeuge sind sehr flexible Medien, die sich mit der Werbebotschaft im direkten Umfeld der Zielgruppe bewegen können.

Videoboards im Kassenbereich des Einzelhandels
Dieses Medium informiert über Produkte und verkürzt die Wartezeit an den Kassen. Dabei können Spots über das eigene Unternehmen oder über angebotene Produkte informieren.

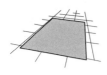

Bodengrafiken
Hierbei handelt es sich um außergewöhnlich gestaltete Bodenaufkleber, die der Zielgruppe einen letzten Impuls vor der Kaufentscheidung geben sollen.

Showtrucks
Gebrandete Trucks werden häufig zu Promotionzwecken eingesetzt. Des Weiteren ist eine Ausstattung mit riesigen Billboards oder ausklappbaren Screens möglich.

Klapptische in Flugzeugen
Diese Klapptische sind mit hochwertigen integrierten Displays ausgestattet und bleiben während des gesamten Fluges im Blickfeld des Passagiers.

Gebrandete Leihfahrräder
Dieses aufmerksamkeitsstarke Medium mit originellen Werbeflächen wird oft von Touristen und Großstadtbewohnern für ihre Touren genutzt.

Parfum-Point
Diese Parfumspender mit integriertem Display werben direkt mit dem Duft. Besonders häufig ist der Einsatz in Damen- und Herrenumkleiden von Sport- und Freizeitstätten.

Aufblasbare Plakatwände
In kürzester Zeit entsteht eine 18/1-Plakatfläche. Durch ihre Bauweise bieten die Plakatwände größtmögliche Flexibilität und sind fast überall einsetzbar.

Hinterleuchtete Plakate
Der Einsatz dieses Mediums in einem stark frequentierten Umfeld verleiht einer Kampagne zusätzliche Brillianz. Einsatzorte sind vor allem der Gastronomie- und Kinobereich.

Mobile 18/1-Plakate
Dieses Medium zeichnet sich vor allem durch außergewöhnliche Flexibilität aus. Die Werbefläche ist auch in Tubeform verfügbar und garantiert durch die Krümmung den optimalen Blickwinkel.

Einkaufswagen-Werbung
Während des Einkaufs ist die Werbebotschaft immer direkt im Blickfeld des Konsumenten. Optimalerweise sind die beworbenen Produkte auch direkt im besuchten Geschäft verfügbar.

Gebrandete Spielgeräte
Ob im Vereinssport oder im öffentlichen Raum, diese Werbefläche erreicht sportinteressierte und aktive Zielgruppen in ihrem direkten sportlichen Umfeld.

Gebrandete Tüten
Dieses meist kostenlos zur Verfügung gestellte Medium, wird direkt am Point of Sale überreicht. Danach trägt der Kunde die Botschaft in das Blickfeld weiterer potentieller Konsumenten.

Großbanner/Blow-Ups
Dabei handelt es sich um riesige Plakatwände an Gebäuden jeglicher Art. Darüber hinaus wird auch die Verhüllung kompletter Gebäude möglich gemacht.

4.2.6 Kritische Würdigung

Ambient-Media ermöglicht Marken, sich von der Masse abzuheben und damit ihr Image zu stärken.[100] Dies erfolgt in erster Linie durch den Einsatz von außergewöhnlichen Werbeträgern und Werbemitteln. Ambient-Media erreicht die Zielgruppe dort, wo sie vornehmlich nicht mit Werbung rechnet. Dieser Überraschungseffekt erzielt eine hohe Aufmerksamkeit.[101]

Liegen Kenntnisse über Verhaltensweisen, Vorlieben und Stimmungen der Zielgruppe vor, können Kampagnen relativ genau geplant werden. Dies ermöglicht es, die Werbebotschaft dort zu präsentieren, wo sich die Zielgruppe aufhält. Streuverluste können somit gering gehalten werden.[102]

Für Zielgruppen, die schwer oder gar nicht über klassische Werbekanäle erreicht werden können, ist Ambient-Media als Werbung im Lebensumfeld ideal.[103]

Ein großer Vorteil von Ambient-Media besteht darin, dass das werbende Unternehmen nicht als „Störer" betrachtet wird. Ambient-Media gilt als unaufdringlich und integriert sich auf charmante Weise angenehmen im Umfeld der Zielgruppe. Idealerweise verfügen Ambientmedien sogar über einen Zusatznutzen.[104]

Darüber hinaus sind der Kreativität der Werbetreibenden keine Grenzen gesetzt. Immer neue, spannende und überraschende Werbeträger machen es möglich, mit dem Konsumenten zu kommunizieren.

---

100 Vgl. Förster, A./Kreuz, P. (2006), S. 45
101 Vgl. ebd.
102 Vgl. ebd., S. 46
103 Vgl. ebd.
104 Vgl. ebd., S. 45

Ambientmedien stoßen allerdings nicht überall auf ungeteilte Freude. Inzwischen wird es als beunruhigend empfunden, mit welcher Selbstverständlichkeit die Werbetreibenden den öffentlichen Raum erobern. Das hemmungslose Vordringen von Unternehmen in den werbefreien Raum kann schnell die Aufmerksamkeit ins Negative fallen lassen. Dies hätte Imageschäden und Gewinneinbußen zur Folge.[105]

Mit Ambient-Media werden oft nur recht kleine Konsumentenkreise angesprochen. Liegt das werbende Unternehmen mit Tonality, Design oder Slogan nur leicht daneben, kann die gesamte Kampagne wirkungslos werden. Die angestrebte hohe Kontaktqualität kann somit nicht erreicht werden und ein eventuell knappes Werbebudget bleibt ohne Nutzen.[106]

Unkonventionelle Ideen müssen sowohl zum Unternehmen als auch zur Zielgruppe passen. Ein konservatives Unternehmen stößt mit einer unpassenden Kampagne möglicherweise auf Unverständnis und Verärgerung bei den ebenso konservativen Verbrauchern. Daher gilt bei Ambient-Media wie bei allen Sonderwerbeformen, dass diese nicht um ihrer selbst willen einzusetzen sind, sondern zielgruppenorientiert einer professionellen Planung unterliegen sollten.[107]

---

105 Vgl. Förster, A./Kreuz, P. (2006), S. 46
106 Vgl. ebd.
107 Vgl. ebd.

4.3 Ambush-Marketing

4.3.1 Begriffsabgrenzung und Einordnung

Das Substantiv „Ambush" stammt aus dem Englischen und wird unter anderem mit „Hinterhalt", „Angriff aus dem Hinterhalt" und sogar „Versteck" übersetzt. In der Verbform „to ambush" bedeutet es auch „auflauern" und „aus dem Hinterhalt angreifen".[108] Gelegentlich werden auch Ausdrücke wie „Trittbrettfahren", „parasitäres Marketing"[109] oder gar „Schmarotzermarketing"[110] verwendet.

Allein die Begriffe „Hinterhalt" und „Auflauern" geben Ambush-Marketing einen negativen Beigeschmack, da diese Begriffe allgemein negativ belegt sind.

Oft wird das Auftreten von Ambush-Marketing ausschließlich auf Großsportveranstaltungen, wie die Olympischen Spiele oder Welt- und Europameisterschaften populärer Sportarten, beschränkt. Dies ist nach Meinung des Autors unzutreffend.

„Was aus dem klassischen Sponsoring geboren wurde, bezeichnet man heute ... als Schmarotzer- oder Trittbrettfahrer-Marketing. ... Ein Unternehmen profitiert vom Event eines anderen und versucht ... durch geschickte Aktionen auf sich aufmerksam zu machen, ohne selbst offizieller Sponsor zu sein."[111]

Dieser Definitionsversuch zielt darauf ab, Ambush-Marketing ausschließlich als Alternative zu klassischem Sponsoring zu sehen. Unbestritten ist, dass sportliche Großveranstaltungen die Aufmerksamkeit eines Millionenpublikums auf sich ziehen.[112]

---

108 Vgl. LEO Dictionary Online
109 Vgl. Nufer, G./Rennhak, C. (2008), S. 20
110 Vgl. marketing.ch, o. J., o. S.
111 Vgl. Ragusa, L. (2006), S. 6
112 Vgl. Engl, M. (2008), S. 1

So nutzte bspw. Vobis die mediale Aufmerksamkeit der Bundestagswahl 2002. Die „Vobis-Wahlkampfteams" nahmen dabei an den öffentlichen Kundgebungen der Spitzenkandidaten teil und drängten sich gezielt mit riesigen Vobis-Wahlplakaten in den Fokus der Fernsehkameras.[113]

Dieses Beispiel zeigt, dass es Einsatzmöglichkeiten für Ambush-Marketing weit ab von sportlichen Großveranstaltungen gibt.

Bei Ambush-Marketing im Rahmen von Sportveranstaltungen treten meist direkt konkurrierende Unternehmen gleichzeitig auf. Das eine Unternehmen als Sponsor, das Konkurrenzunternehmen nimmt die Position des Ambushers ein.

So erschien Linford Christie zu einer Pressekonferenz anlässlich der Olympischen Spiele 1996 mit Kontaktlinsen, die das Puma-Logo zeigten. Offizielle Hauptsponsoren waren Adidas und Reebok.[114] Durch diese Maßnahme erzielte Puma innerhalb kürzester Zeit 1,3 Milliarden Kontakte und eine hohe mediale Präsenz.[115]

Jedoch ist dieser Erfolg nicht unmittelbar mit den Olympischen Spielen verknüpfbar. Im Gegenteil, ausschlaggebend war die Leistung, die Christie im Vorfeld der Olympischen Spiele zeigte.[116] Die sportliche Leistung von Christie zog demzufolge die hohe mediale Berichterstattung nach sich.

---

113 Vgl. Förster, A./Kreuz, P. (2006), S. 51
114 Vgl. Melwitz, N. (2008), S. 11
115 Vgl. Schulte, T. (2007), S. 77
116 Bei den Olympischen Spielen 1992 gewann Linford Christie den Sprint über 100 Meter. Während den Olympischen Spielen der Jahre 1992 und 1996 wurde Christie Weltmeister und konnte als erster Europäer die 100 Meter unter zehn Sekunden laufen. Er ging also als klarer Favorit für den Sprint über 100 Meter in die Olympischen Spiele in Atlanta.

Festzuhalten bleibt, dass Ambush-Marketing oftmals im Rahmen von sportlichen Großveranstaltungen Anwendung findet, jedoch nicht aufgrund des Bezuges zum Sport, sondern durch die massive mediale Berichterstattung. Durch das Interesse der Konsumenten an diesen Veranstaltungen generieren die Unternehmen hohe Kontaktzahlen.

Allerdings ist es auch bei allen anderen Ereignissen mit hoher medialer Wirkung möglich, Ambush-Marketing gezielt einzusetzen.

Ambush-Marketing stellt somit einen Versuch einer durch den Veranstalter nicht genehmigten unentgeltlichen Assoziierung mit einer bekannten Veranstaltung dar, um Vorteile für die eigene Unternehmenskommunikation zu generieren.[117]

Die folgende Abbildung (Abb. 15) verdeutlicht die Einordnung von Ambush-Marketing im Marketing-Mix.

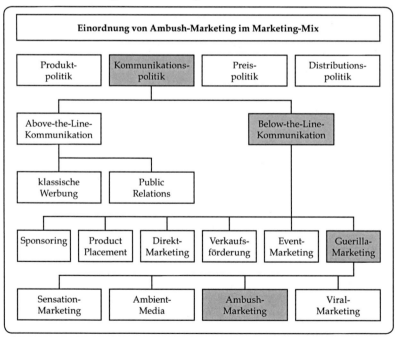

Abb. 15: Einordnung von Ambush-Marketing im Marketing-Mix
Quelle: eigene Darstellung

117 Vgl. Fehrmann, H. (2009) S. 32

4.3.2 Entstehung und Entwicklung

Durch die Nähe von Ambush-Marketing zum Sponsoring ist es nötig sich vorab die Ziele klassischen Sponsorings anzuschauen.

„Sponsoring bedeutet die Analyse, Planung, Durchführung und Kontrolle sämtlicher Aktivitäten, die mit der Bereitstellung von Geld, Sachmitteln, Dienstleistungen oder Know-how durch Unternehmen und Institutionen zur Förderung von Personen und/oder Organisationen in den Bereichen Sport, Kultur, Soziales, Umwelt und/oder den Medien verbunden sind, um damit gleichzeitig Ziele der Unternehmens- und Marketingkommunikation zu erreichen."[118]

Die Begriffe Analyse, Planung, Durchführung und Kontrolle sind auf alle Marketingmaßnahmen übertragbar. Die Bereiche Sport, Kultur, Soziales, Umwelt und Medien sind die Bereiche, in denen Ambush-Marketing angewendet wird. Der Schwerpunkt der Maßnahmen liegt jedoch klar im Bereich Sport. Ziele der Unternehmens- und Marketingkommunikation zu erreichen, ist ebenfalls Ziel des Ambushers. Der einzige Unterschied zum Sponsoring liegt daher in der Bereitstellung von Geld, Sachmitteln, Dienstleistungen oder Know-how.

Dies bedeutet, dass Ambush-Marketing als Sponsoring ohne die geforderte Gegenleistung angesehen werden kann.

Sponsoring basiert jedoch auf dem Prinzip von Leistung und Gegenleistung.[119] Dieses Prinzip wird im Ambush-Marketing umgangen, indem von einem Ereignis profitiert wird, ohne dafür die entsprechende Gegenleistung zu entrichten.

---

118 Bruhn, M. (2009), S. 236
119 Vgl. Bruhn, M./Esch, F.-R./Langner, T. (2009), S. 160

Ambush-Marketing zielt also darauf ab, von den Erfolgen des Sponsorings zu profitieren, ohne die Pflichten eines offiziellen Sponsors einzugehen.[120]

Abb. 16: Ziele des Ambush-Marketings
Quelle: in Anlehnung an: Nufer, G. (2004), S. 213

---

120   Vgl. Patalas, T. (2006), S. 67

4.3.3 Ausprägungen

4.3.3.1 Direktes Ambush-Marketing

Im Ambush-Marketing unterscheidet man direkte und indirekte Erscheinungsformen, wobei indirektes Ambush-Marketing in Ambush-Marketing-by-Intrusion und Ambush-Marketing-by-Association unterschieden wird.[121]

Ein anderer Definitionsversuch unterscheidet in klassisches und subtiles Ambush-Marketing, wobei Letzteres in subtiles Ambush-Marketing ersten Grades und subtiles Ambush-Marketing zweiten Grades unterschieden wird.[122]

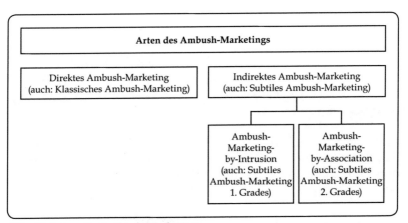

Abb. 17: Arten des Ambush-Marketings
Quelle: in Anlehnung an: Precht, H. (2007) S. 3, ergänzt um Jaeschke, L. (2008) S. 5

---

121 Vgl. Pechtl, H. (2007), S. 3
122 Vgl. Jaeschke, L. (2008), S. 5

Kennzeichen des direkten Ambush-Marketings sind Aktionen, die direkt in die Rechte des Veranstalters eingreifen. Dazu zählt in erster Linie die Verwendung geschützter Symbole, Kennzeichen und Bezeichnungen. Für diese besteht in der Regel rechtlicher Schutz im Sinne des Marken- und Urheberrechts.

Der Ambusher versucht in diesem Fall dem Konsumenten zu suggerieren, er sei offizieller Förderer, Sponsor oder Unterstützer eines Events und untermauert dies durch die Verwendung von offiziellen Logos oder Schriftzügen.

Im direkten Ambush-Marketing kommt es meist im Rahmen von sportlichen Großveranstaltungen zu teilweise leicht abweichenden Produkten, die allerdings dem Konsumenten suggerieren sollen, dass es sich hierbei um autorisierte Merchandisingware handelt.

So tauchen bspw. im Vorfeld von Fußball-Weltmeisterschaften oder Fußball-Europameisterschaften immer wieder Bälle mit leicht abweichenden Aufdrucken auf. Durch die FIFA bzw. UEFA werden für solche Meisterschaften meist eigene Bälle als Merchandisingprodukte angeboten.

Anlässlich der Fußball-Europameisterschaft 2004 wurde ein Ball mit dem Schriftzug „EURO 2004" auf den Markt gebracht, obwohl dafür durch die UEFA die Eintragung im Markenregister veranlasst wurde.

Eine weitere Ausprägung des direkten Ambush-Marketings besteht darin, beim Verbraucher mit Hilfe von Werbeaussagen den Eindruck zu erwecken, dass das jeweilige Unternehmen offizieller Sponsor einer Großveranstaltung sei. In diesem Fall bezeichnet sich das Unternehmen zwar nicht ausdrücklich als Sponsor, informiert die Empfänger der Werbebotschaft jedoch auch nicht darüber, dass es dies nicht ist.

Anlässlich der Olympischen Spiele 1998 warb American Express mit einer Anzeige, die eine Eröffnungszeremonie im Stadion von Seoul zeigte. Bei dieser Zeremonie handelte es sich jedoch nicht um die Eröffnung der Olympischen Spiele, sondern um die Eröffnung der Asian Games, die im Vorfeld der Olympischen Spiele stattfanden.

American Express war nicht Sponsor der Olympischen Spiele, durfte demzufolge Bilder der Olymischen Spiele in der Werbung auch nicht einsetzen. Jedoch suggerierte das Unternehmen dem Verbraucher durch die Verwendung des Bildmaterials der Asian Games, dass es sich hierbei um die Eröffnung der Olympischen Spiele handelt.[123]

Im Vorfeld der Fußball-Weltmeisterschaft 2006 in Deutschland warb AOL als damaliger Sponsor des Fußballstadions in Hamburg mit dem Slogan „AOL Arena – Austragungsort der WM 2006". Da AOL aber nicht Sponsor der Weltmeisterschaft war, durften Werbemaßnahmen im und am Stadion nicht erfolgen. Daraufhin wurde ein Transparent am Firmensitz von AOL angebracht. Dieser befindet sich unmittelbar gegenüber dem Stadion, dass als Austragungsstätte einiger Spiele der Fußball-Weltmeisterschaft diente.[124]

Ebenfalls um direktes Ambush-Marketing handelt es sich, wenn versucht wird die Logos und Schriftzüge von Sponsoren zu verdecken. Dies geschieht meist im Rahmen der Berichterstattung bei Medaillenverleihungen oder Pressegesprächen. Ziel ist es, dem Unternehmen, das als offizieller Sponsor einer Veranstaltung auftritt, diese mediale Präsenz zu entziehen.

So erschienen die Basketballer Charles Barkley und Michael Jordan zur Medaillenverleihung anlässlich der Olympischen Spiele 1992 mit einer amerikanischen Flagge, die das Logo von Reebok, dem offiziellen Sponsor der amerikanischen Basketballmannschaft, auf den Trainingsanzügen verdeckte. Die beiden Sportler, die zu diesem Zeitpunkt von Nike gesponsert wurden, gaben im Nachhinein zu, zugunsten ihres Individualsponsors gehandelt zu haben.[125]

---

123 Vgl. Netzle, S. (1996), S. 87
124 Vgl. Heermann, P. W. (2006), S. 359
125 Vgl. Bruhn, M./Ahlers, G. M. (2003), S. 276

4.3.3.2 Indirektes Ambush-Marketing

Neben dem direkten Ambush-Marketing, das sich zumeist mindestens in rechtlichen Grauzonen abspielt, kennt man noch das indirekte Ambush-Marketing. Es wird nach Ambush-Marketing-by-Intrusion und Ambush-Marketing-by-Association unterschieden.

Ambush-Marketing-by-Intrusion
„Intrusion" stammt aus dem Englischen und wird als „Eindringen", „Einbruch" oder „Eingriff" übersetzt.[126] Dies assoziiert auf den ersten Blick eine unberechtigte Handlung. Ambush-Marketing-by-Intrusion könnte also als Marketing aus dem Hinterhalt durch Eindringen verstanden werden.

Ambush-Marketing-by-Association
„Association" stammt aus dem Englischen und wird als „Gemeinschaft" oder „Gesellschaft" übersetzt.[127] Dies assoziiert auf den ersten Blick eine weniger unberechtigte Handlung, als dies beim Ambush-Marketing-by-Intrusion der Fall ist. Ambush-Marketing-by-Association könnte also als Marketing in der Mitte der Gesellschaft, jedoch weiterhin als hinterhältig verstanden werden.

Diese Unterscheidungen erscheinen für den Autor wenig sinnstiftend. Vielmehr wird er nachfolgend eine weitere Klassifizierung, und zwar anhand der Erscheinungsformen von Maßnahmen des Ambush-Marketings, vorstellen.

---

126 Vgl. LEO Dictionary Online
127 Vgl. ebd.

Erscheinungsformen im Ambush-Marketing

	Platzierung von Marken durch Objekte	Platzierung von Marken durch Personen
Platzierung von Marken innerhalb des Ereignisses	• Platzierung von Banden und anderen Werbeformen auf dem Veranstaltungsgelände • Anlieferung von Getränken und Verpflegung für Restaurantbetriebe	• Ausrüstung von Sportlern mit Trikots und anderen Utensilien, die das Logo des Ambushers tragen • Verdeckung der Logos offizieller Sponsoren
Platzierung von Marken außerhalb des Ereignisses	• Programmsponsoring • Außenwerbung • klassische TV-Spots in Werbepausen der TV-Übertragungen • themenbezogene Mediawerbung • Andeutungen in der Mediawerbung	• Einsatz von Sportlern in der Verkaufsförderung • Mediaauftritte relevanter Personen mit dem Logo des Ambushers

Abb. 18: Erscheinungsformen im Ambush-Marketing
Quelle: in Anlehnung an: Pechtl, H. (2007), S. 3

Die Matrixdarstellung (Abb. 18) stellt die Platzierung von Marken durch Objekte oder Personen in Abhängigkeit zur Platzierung von Marken innerhalb und außerhalb des Ereignisses dar.

Dieser Erklärungsansatz erscheint dem Autor sehr viel schlüssiger, da Ambush-Marketing immer auf die Platzierung von Marken abzielt. Zum anderen erscheint es allumfassend, da diese Maßnahmen zum einen immer durch Personen oder Objekte und jeweils innerhalb oder außerhalb eines Ereignisses platziert werden können. Daher müsste es zumindest theoretisch möglich sein, jede Maßnahme im Ambush-Marketing dieser Grafik zuzuordnen.

So können Marken sowohl von Personen als auch Objekten platziert werden, und ebenso ist eine Platzierung innerhalb und außerhalb eines Ereignisses möglich.

4.3.4 Abwehrmöglichkeiten

Aufgrund der negativen Eigenschaften des Ambush-Marketings bleibt es nicht aus, die rechtlichen Abwehrmöglichkeiten des Veranstalters zu betrachten.

Aus rechtlicher Sicht sind Maßnahmen im Rahmen des Ambush-Marketings wie folgt zu unterscheiden:[128]

Stellen die Maßnahmen eindeutige Verletzungen von Eigentumsrechten dar, für deren Bestrafung präzise umrissene Rechtsmittel zur Verfügung stehen.
Handelt es sich um Maßnahmen, die subtiler Art sind, für deren Abwehr nur unscharfe oder gar keine Rechtsmittel herangezogen werden können.

Der Gruppe der eindeutigen Verletzung von Eigentumsrechten sind vor allem solche Maßnahmen zuzuordnen, die unbefugt geschützte Marken und Warenzeichen verwenden oder sich ein Unternehmen unbefugt als offizieller Sponsor präsentiert. Diese Handlungen stellen eine Verletzung geistigen Eigentums gegen urheberrechtliche Schutzbestimmungen dar und sind in den meisten nationalen Gesetzgebungen mit Strafe bedroht.[129]

Bei der Gruppe der Maßnahmen, für die nur unscharfe bzw. gar keine Rechtsmittel zur Verfügung stehen, ist ein Verstoß gegen geltendes Recht schwer nachweisbar. Dazu zählen sämtliche Maßnahmen, die nicht direkt einen Missbrauch geschützter Warenzeichen oder Ähnliches darstellen. Zumeist handelt es sich dabei um Andeutungen in der Fernsehwerbung oder die Verwendung von veranstaltungsbezogenen Bildern auf Plakaten.[130]

---

128 Vgl. Bruhn, M./Ahlers, G. M. (2003), S. 283
129 Vgl. ebd.
130 Vgl. ebd., S. 284

Hausrecht
Aufgrund des Hausrechts ist grundsätzlich jeder Veranstalter berechtigt, Personen von der Veranstaltung auszuschließen. Dabei handelt es sich aber nicht um ein besonderes Schutzrecht, sondern diese Befugnisse resultieren aus dem allgemeinen Recht, das dem Veranstalter als Eigentümer oder Inhaber abgeleiteter Rechte während der Veranstaltung zusteht.[131]

Darüber hinaus kann sich der Schutzbereich nicht nur auf den unmittelbaren Nahbereich des Veranstaltungsortes beziehen, sondern auch darüber hinaus ausgedehnt werden. Dabei sind allerdings die örtliche Infrastruktur und weitere individuelle Umstände zu berücksichtigen.

Im Rahmen der Fußball-Weltmeisterschaft 2006 in Deutschland machte die FIFA ihr Hausrecht nicht allein im Stadion selbst geltend, sondern auch in einem kontrolliert werbefreien Gelände im Umkreis von rund einem Kilometer um den Austragungsort herum. Innerhalb dieses Radius, umgangssprachlich als „Bannmeile" bezeichnet, wurde Nichtsponsoren Werbung verwehrt.[132]

Markenrecht
Die Regeln des Markenrechts sind eindeutig festgelegt. Dies bedeutet, dass nicht-offizielle Partner des Veranstalters, das Logo sowie weitere registrierte Marken nicht verwenden dürfen.
Eine gewisse Grauzone gibt es jedoch durchaus. So sind Worte des täglichen Sprachgebrauchs nicht schützbar, dazu zählen u. a. Begriffe wie „Weltmeisterschaft" oder „Europameisterschaft". Nicht schützbare Begriffe des täglichen Sprachgebrauchs sind somit auch in der Werbung nutzbar.[133]

Im Rahmen der Fußball-Weltmeisterschaft 2006 in Deutschland löschte das Deutsche Patent- und Markenamt die Ausdrücke „WM 2006", „WM Deutschland 2006" sowie „Fußball-WM Deutschland" aus ihrem Register. Begründet wurde diese Entscheidung damit, dass es sich dabei um Begriffe beschreibender Natur handelt, die

---

131 Vgl. Engl, M. (2008), S. 40
132 Vgl. Nöcker, R. (2005), o. S.
133 Vgl. Platzer, M. (2008), S. 4

markenrechtlich nicht schützbar sind.[134] Zulässig dürfte somit auch ein reiner Hinweis auf den Anlass einer Werbung wie bspw. „Bitte beachten Sie unsere Sonderangebote während der WM 2006" sein.[135]

Urheberrecht
Das Urheberrecht regelt in diesem Zusammenhang vor allem die Verwendung von Fotos und Bewegtbildern. Die Rechte solcher Aufnahmen liegen eindeutig beim Veranstalter. Eine nicht lizenzierte Verwertung der Aufnahmen ist nicht zulässig.[136]

4.3.5 Kritische Würdigung

Ambush-Marketing spielt sich meist in rechtlichen Grauzonen ab. Jedoch ist nicht absehbar, dass in Zukunft klare Regeln und Gesetzmäßigkeiten zugunsten offizieller Sponsoren geschaffen werden. Zum einen liegt dies an der rasanten Geschwindigkeit, mit der Marketeer neue Kreationen auch in diesem Bereich probieren. Zum anderen finden Ambush-Maßnahmen meist bei Veranstaltungen mit hoher medialer Präsenz statt. Dies sind vor allem die Olympischen Spiele sowie Welt- und Europameisterschaften populärer Sportarten.

Am 11. Juni 2010 findet das Eröffnungsspiel der Fußball-Weltmeisterschaft in Südafrika statt. Die FIFA hat, wie bereits 2006 in Deutschland, den offiziellen Sponsoren weitreichende Rechte zugesichert.

Sicherlich wird es trotz aller Reglements und Vorsichtsmaßnahmen von Seiten der FIFA im Rahmen der anstehenden Fußball-Weltmeisterschaft zu Ambush-Marketing-Aktionen kommen.

---

134 Vgl. Nöcker, R. (2005), o. S.
135 Vgl. Huppertz, P. (2006), S. 58
136 Vgl. Platzer, M. (2008), S. 4

4.4 Viral-Marketing

4.4.1 Begriffsabgrenzung und Einordnung

Eine einheitlich anerkannte Definition des Viral-Marketings existiert nicht. Jedoch finden sich in der Literatur verschiedene Definitionsversuche. Auch die Begrifflichkeiten sind nicht eindeutig definiert.

Virus-Marketing und Buzz-Marketing werden oft synonym für Viral-Marketing verwendet. Geschieht dies, impliziert man allerdings, dass sich Viral-Marketing nur online, das heißt mit Hilfe des Internets, durchführen lässt. Ziel solcher Kampagnen ist daher die „Aufbereitung von Markenbotschaften, Produktnachrichten und -innovationen mit dem Ziel der digitalen Verbreitung"[137].

Demgegenüber steht, dass Viral-Marketing an kein spezifisches Medium gebunden ist.[138] In diesem Fall würde man von Mundpropaganda sprechen. Weiter gefasst sogar von Empfehlungsmarketing.

Nach Ansicht des Autors handelt es sich bei Viral-Marketing um eine Ausprägungsform des Empfehlungsmarketings bzw. von Mundpropaganda. Vor der wachsenden Bedeutung des Internets war eine Unterscheidung dieser entbehrlich. Jedoch verlagern sich diese Maßnahmen vermehrt in Online-Bereiche, so dass eine Unterscheidung in „Online" und „Offline" als sinnvoll angesehen wird.

---

137 ConnectedMarketing, o. J. o. S.
138 Vgl. Langner, S. (2009), S. 34

Die Einordnung im Marketing-Mix wird wie folgt (siehe Abb. 19) vorgenommen.

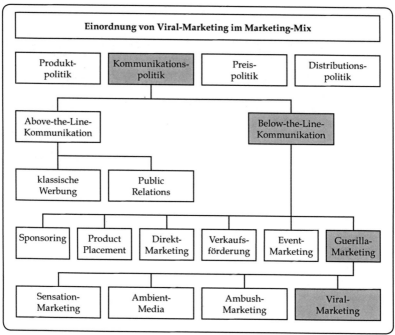

Abb. 19: Einordnung von Viral-Marketing im Marketing-Mix
Quelle: eigene Darstellung

4.4.2 Entstehung und Entwicklung

Mundpropaganda ist wahrscheinlich als älteste und vielleicht sogar effektivste Form des Marketings anzusehen.[139] Selbst alltägliche Kaufentscheidungen werden vom Urteil und damit den Empfehlungen glaubwürdiger Personen, meist aus dem Familien- oder Bekanntenkreis, abhängig gemacht, da diese eine erhöhte Glaubwürdigkeit und Authentizität besitzen.[140]
Durch das Web 2.0 erfährt das klassische Weitersagen nicht nur eine Renaissance, sondern erreicht eine völlig neue Dimension.[141]

Der menschliche Instinkt, sich auf die Empfehlungen nahestehender Personen zu verlassen, hat sich die Werbeindustrie zu Eigen gemacht. Durch die Erweiterung des Freundes- und Bekanntenbegriffes innerhalb sozialer Netzwerke, steigt auch die Zahl der Konsumenten, die ihrem Netzwerk Produkte oder Marken empfehlen können. Hinzu kommt, dass über das rasant wachsende Medium Internet eine Empfehlung meist nur einen Klick entfernt ist. Der entsprechende Inhalt wird im Vorfeld von werbenden Unternehmen bereits vorbereitet, so dass nur noch das Eintragen einer E-Mail-Adresse des Empfängers notwendig ist. Innerhalb einer geschlossenen Community ist zur Empfehlung meist nur ein Klick auf einen integrierten Button mit dem Titel „Freunden zeigen" (VZ-Netzwerke) oder „Freunden vorschlagen" (Facebook) nötig.

---

139 Vgl. Langner, S. (2009), S. 16
140 Vgl. Anlanger, R./Engel, W. A. (2008), S. 48
141 Vgl. Zunke, K. (2008), S. 94

The Blair Witch Project

Als Klassiker im Viral-Marketing wird in der einschlägigen Literatur oftmals das Filmprojekt „The Blair Witch Project" benannt.

Hintergrund ist die Geschichte von Elly Kedward, die 1785 von den Kindern der Ortschaft Blair als Hexe beschuldigt wird. Die angebliche Hexe wird daraufhin aus dem Dorf verbannt. Ab 1786 verschwinden allerdings alle Kinder auf mysteriöse Art und Weise, die Elly Kedward beschuldigt hatten.
1825, der Ort Blair hat sich inzwischen zur Stadt entwickelt und trägt den Namen Burkittsville, kehrt erneut ein Kind nicht vom Spielen heim. Ab dieser Zeit verschwinden Kinder im Rhythmus von ungefähr 60 Jahren. Teilweise werden die Leichen gefesselt und ausgeweidet vorgefunden, zum Teil bleiben Leichen auch unentdeckt.

Diese geschichtliche Überlieferung nutzen die drei Studenten Heather Donahue, Joshua Leonard und Michael Williams für eine Semesterarbeit. 1994 begeben sie sich mit unprofessionellem Equipment in die Stadt Burkittsville, führen Interviews mit den Bewohnern und versuchen den Mythos um die Hexe von Blair zu lüften. In einem Gespräch mit zwei Fischern erfahren die Studenten vom Weg zum „Coffin Rock". Die Studenten begeben sich in die nahegelegenen Wälder und werden danach nicht mehr lebend gesehen.

Wenig später durchsucht die Polizei mit vielen freiwilligen Helfern zehn Tage lang den Wald, ohne jedoch einen Hinweis auf die Vermissten zu finden.
Erst ein Jahr danach entdecken Studenten einen alten Seesack mit elf Filmrollen, zehn Videokassetten und dem Tagebuch von Heather Donahue.

Die beiden Filmemacher Daniel Myrick und Eduardo Sanchez fanden im Mythos um die Hexe von Blair eine hervorragende Vorlage für ihre Idee, eine Pseudo-Dokumentation mit authentischen Horrorszenen zu drehen.
Die Zuschauer bekamen keine professionelle Kameraführung mit entsprechend unterlegter Musik, sondern amateurhafte Filmszenen, reale Dialoge und echte Gefühle.
Das Budget von etwa 30.000 US-Dollar schloß jedoch eine aufwendi-

ge Vermarktung des Filmes über klassische Kanäle aus. Und trotzdem schafften es Myrick und Sanchez, ein Massenpublikum zu erreichen.[142]
Geschickt wurden Online- und Offline-Maßnahmen miteinander verknüpft. Zunächst wurden Gerüchte über das Verschwinden von drei Studenten gestreut, die kurze Zeit später mit den aufgefundenen Amateuraufnahmen der Verschollenen untermauert wurden. Über einen Zeitraum von über zwei Jahren vor Ausstrahlung des Films wurden Informationen zu den Vorfällen verbreitet.

Kernelement der Kampagne war die erfundene Geschichte über das Verschwinden der Studenten. Um das Interesse zu kanalisieren, entwickelten die Filmemacher die Website www.blairwitch.com, auf der sie detaillierte Informationen über die Studenten einstellten, die wahrscheinlich in den Wäldern von Burkittsville ums Leben kamen. Dabei verzichtete die Website auf jegliche Werbung, so dass der Web-Auftritt als realistische Präsentation wahrgenommen wurde. Es war nicht erkennbar, dass es sich um die Website eines kommerziellen Filmprojekts handelte.

Moorhuhn

Als weiteres Musterbeispiel für Viral-Marketing ist das Computerspiel „Moorhuhn" anzusehen. Im Jahr 2000 tauchte es wie aus dem Nichts auf und verbreitete sich mit unglaublicher Geschwindigkeit. Initiator des Spiels war Johnnie Walker. Jedoch war dies für die meisten Nutzer des kleinen Bürospiels nicht erkennbar, so dass der Werbeerfolg des Getränkeherstellers hinter dem Erfolg des Spiels weit zurückblieb.[143]

---

142 Vgl. Maeder, R., o. J., S. 24
143 Vgl. Bell, M. (2004), S. 24

4.4.3 Ausprägungen

4.4.3.1 Geringintegratives Viral-Marketing

Beim geringintegrativen oder auch passiven Viral-Marketing wird vom Konsumenten relativ wenig Aktivität verlangt. Teilweise findet diese Form des Viral-Marketings sogar ohne das aktive Zutun des Kunden statt.[144]

Als Pionier auf diesem Gebiet wird der kostenfreie E-Mail-Dienst „Hotmail" angesehen. An jede E-Mail, die ein Benutzer von seinem Hotmail-Konto aus verschickt, wird die Fußnote „Get Your Private, Free E-Mail at www.hotmail.com" angehängt. Ohne das aktive Einwirken des Nutzers wird so die virale Botschaft übermittelt.

Ebenfalls unter geringintegratives Viral-Marketing fallen die sogenannten „Like"-Button. In diesem Fall wird eine Benachrichtigung oder E-Mail an einen Freund oder Bekannten verschickt. Diese beinhaltet meist einen Link zur Website eines Unternehmens oder einem kommerziellen Profil innerhalb eines sozialen Netzwerks.

Innerhalb von geschlossenen sozialen Netzwerken kann man seinen Freunden/Bekannten Profile von Unternehmen empfehlen, die einem selbst als nützlich erscheinen.
Aber auch außerhalb von Communities ist eine einfache Empfehlung, meist in Form einer E-Mail, möglich. So kann man bspw. innerhalb des iTunes-Store von Apple interessante Inhalte via E-Mail weiterempfehlen. Die Empfänger bekommen in einer E-Mail die Benachrichtigung, welche Person einem welches Produkt empfohlen hat. Ergänzt wird dieser Dienst durch das Übermitteln eines Links, der direkt zum empfohlenen Produkt führt.

---

144   Vgl. Bauer/Große-Leege/Rösger (2008) S. 67

4.4.3.2 Hochintegratives Viral-Marketing

Im Gegensatz zum geringintegrativen Viral-Marketing wird beim hochintegrativen bzw. aktiven Viral-Marketing deutlich mehr Einsatz vom Kunden gefordert. Eine Marketing-/Vertriebsform die in den letzten Jahren immer stärker ausgebaut wurde, ist das sogenannte „Affiliate-Marketing". Dies ist klassisch dem hochintegrativen Viral-Marketing zuzuordnen.

Beim Affiliate-Marketing werden über das Internet neue Vertriebskanäle erschlossen, indem die Leistungen eines Unternehmens auf einer Partner-Website verlinkt werden. Über verschiedene Konditionsmodelle wird das Partnerunternehmen an den Umsätzen, die über seine eigene Website erzielt wurden, beteiligt.

Amazon bietet diese Möglichkeit auch nicht-kommerziellen Betreibern einer Website an. So kann bspw. ein Blogger, der zu einem bestimmten Thema einen Beitrag verfasst hat, einen Link zu Amazon-Produkten setzen und mit bis zu 10 % beteiligt werden, wenn über diesen Link ein Kauf bei Amazon erfolgt.
Da jeden Tag von Bloggern und Podcastern Produkte und Dienstleistungen beschrieben und bewertet werden, wird dieser Bereich in absehbarer Zeit stärker in den Fokus der Werbetreibenden treten. Jedoch wird dabei sowohl von guten wie auch schlechten Erfahrungen berichtet.[145] Dies birgt ein gewisses Risiko für beschriebene Produkte und Marken.

---

145 Vgl. Scott, D. M. (2009), S. 146

4.4.4 Kritische Würdigung

Sowohl im geringintegrativen wie auch im hochintegrativen Viral-Marketing wird die weitere Entwicklung des Internets und des Web 2.0 eine entscheidende Rolle spielen.

Auf dem Gebiet des geringintegrativen Viral-Marketings wird Facebook weiterhin Pionierarbeit leisten. Am 21. April 2010 stellte Facebook-Gründer Mark Zuckerberg auf der Facebook-Konferenz F8 in San Francisco ein Konzept vor, welches den „Like"-Button auf eine neue Ebene befördert. Nach den Vorstellungen von Facebook sollen in Zukunft Empfehlungen nicht mehr nur innerhalb des sozialen Netzwerks, sondern für das gesamte Internet möglich sein.[146]

Diese Entwicklung bleibt abzuwarten, ermöglicht werbenden Unternehmen jedoch eine neue Qualität des geringintegrativen Viral-Marketings.

Im hochintegrativen Viral-Marketing wird sich der Bereich des Affiliate-Marketings weiter ausbauen. Da immer mehr Privatpersonen eine eigene Website oder Blog betreiben, werden Anbieter von Affiliate-Programmen vermutlich stärken versuchen, diesen Personenkreis zu animieren.[147]

---

146 Vgl. Lischka, K. (2010), o. S.
147 Vgl. Wieking, A. (2005), S. 70

5. Gesamtkritische Würdigung

In der gesamtkritischen Würdigung findet eine Reflexion der aufgestellten Ziele mit den erarbeiteten Inhalten der Arbeit statt. Dabei fällt auf, dass nicht alle gestellten Ziele auf alle Einzeldisziplinen des Guerilla-Marketings anwendbar bzw. nicht bei allen Maßnahmen gleich stark ausgeprägt sind.

Die unkonventionelle Art der Übermittlung einer Werbebotschaft kann als ureigene Charakteristik von Sensation-Marketing angesehen werden. Besonders in diesem Bereich werden Konsumenten mit ungewöhnlichen, frechen und provokanten Aktionen überrascht. Diese Maßnahmen heben sich aus der Masse der herkömmlichen Werbemaßnahmen hervor und bleiben so im Gedächtnis der Konsumenten haften.
Auch ein ausgefallenes Ambientmedium kann bei der Vermittlung einer Werbebotschaft hilfreich sein. Eine Verallgemeinerung, dass Ambient-Media daher als unkonventionell im Bezug auf die Übermittlung der Werbebotschaft angesehen werden kann, wäre eine falsche Schlussfolgerung. Ambient-Media-Formate, wie ausliegende kostenlose Postkarten in der Gastronomie oder dort anzutreffende Toilettenwerbung, sind nicht mehr als unkonventionell zu bezeichnen und werden vom Konsumenten auch nicht mehr so wahrgenommen. Jedoch konnten auch diese Werbeträger als unkonventionell bezeichnet werden, als sie ihren Einzug in das Umfeld der Konsumenten antraten. Es bleibt also festzustellen, dass Unkonventionalität einer Veränderung unterliegt, die durch eine bestimmte Dauer der Benutzung in den Bereich der Normalität verschoben wird. Daher ist es zu begrüßen, dass auch im Bereich Ambient-Media immer neue Werbemittel und Werbeträger kreiert werden, die bei ihrer Einführung als unkonventionell auf den Konsumenten wirken.
Im Ambush-Marketing können Maßnahmen durchaus als unkonventionell beschrieben werden, da sie von der Art der Werbeübermittlung stark angelehnt an Sensation-Marketing-Maßnahmen agieren.
Viral-Marketing-Maßnahmen verlieren die Eigenschaft der Unkonventionalität, wie bereits zu Ambient-Media beschrieben, aufgrund der zeitlichen Komponente. Empfehlungsmarketing im Internet, speziell in Anwendungen des Web 2.0, werden nicht mehr als unkonventionell angesehen. Daher sind auch in diesem Bereich

neue kreative Ansätze nötig, um die Konsumenten wieder unkonventionell zu erreichen.
Im Bereich der Effizienz bzw. Kostengünstigkeit ist die Wirtschaftlichkeit der Maßnahmen immer im Vergleich zu betrachten. Zum einen im Vergleich zu klassischen Werbemaßnahmen und den weiteren Maßnahmen der Below-the-Line-Kommunikation. Zum anderen allerdings auch im Vergleich zur erzielten Wirkung gegenüber den oben genannten Maßnahmen.
Um nun eine Aussage darüber treffen zu können, ob Guerilla-Marketing-Maßnahmen allgemein als wirtschaftlicher gelten, muss eine vergleichbare Anzahl qualitativer Kontakte durch die Maßnahme angesprochen werden. Nach Ansicht des Autors ist dies im Bereich des Sensation-Marketings unbestritten. Auch das Ambush-Marketing erscheint als kostengünstiger, da eine vergleichbare Anzahl an Konsumenten erreicht wird und z. B. im Bereich von Sportgroßveranstaltungen auf Kosten für offizielles Sponsoring verzichtet wird. Umfassende Kampagnen in den Bereichen Ambient-Media und Viral-Marketing können auf dieser Grundlage nicht bewertet werden.

Für den Bereich der gezielten und abgestimmten Art der Ansprache einer vorher definierten Zielgruppe ist für alle Guerilla-Marketing-Maßnahmen festzuhalten, dass dies möglich ist. Im Sensation-Marketing kann bereits die Auswahl des Standorts für die Ansprache der definierten Zielgruppe entscheidend sein. Ambient-Media ist durch seine Verschiedenartigkeit der Werbeträger besonders geeignet, genau da platziert zu werden, wo sich die entsprechende Zielgruppe aufhält. Da Ambush-Marketing die gleichen Ziele wie offizielles Sponsoring verfolgt, ist hier die Zielgruppendefinition des Sponsorings übertragbar. Im Viral-Marketing ist eine gezielte Ansprache dadurch gegeben, dass in vielen Fällen die Werbung auf die entsprechenden Interessen eines Konsumenten abgestimmt wird. Man geht in diesem Bereich sogar soweit, dass man von personifizierter Werbung spricht.

Auch eine medienwirksame Vermarktung aller Guerilla-Marketing-Maßnahmen ist zu unterstützen. Besonders Ambush-Marketing findet fast ausschließlich im Rahmen medialer Großereignisse statt. Bei gelungenem Sensation-Marketing ist oft mit medialer Berichterstattung zu rechnen, da es sich um ein außergewöhnliches Ereignis handelt, über das es sich zu berichten lohnt. Ebenso verhält es sich im Viral-Marketing. Jedoch findet bei gelungenen Maßnahmen die Berichterstattung auch vermehrt im Internet über Foren und Blogs statt und nicht so stark über die klassischen Medien.

IV. Fazit und Ausblick

Abschließend kann festgehalten werden, dass nach Meinung des Autors eine Einordnung, Erläuterung und Strukturierung, sowie eine kritische Auseinandersetzung mit den Maßnahmen im Guerilla-Marketing erfolgt ist.

Es bleibt festzustellen, dass Guerilla-Marketing als unkonventionelle Werbe- und Marketingausprägung nicht mit herkömmlichen Mitteln wie bspw. dem Tausenderkontaktpreis bewertet werden kann. Dafür haben sich in diesem Bereich andere praktikable Bewertungskriterien etabliert.

In der Zukunft werden die Werbetreibenden sicherlich mit weiteren spannenden und ausgefallenen Werbekreationen überraschen und damit versuchen, die Konsumenten in den Bann eines Produktes oder einer bestimmten Marke zu ziehen.

Besonders die Fußball-Weltmeisterschaft 2010 in Südafrika wird Aktionen im Ambush-Marketing hervorbringen. Dabei sollten die Vorgaben und Regelungen des Veranstalters sowie die nationale Gesetzgebung beachtet werden.
Auch bleibt die weitere Entwicklung des Internets wegweisend für virales Marketing im Online-Bereich. Vor allem die von Facebook fokussierte Ausweitung und Aufwertung des „Like"-Buttons für das gesamte Internet bietet eine Chance für werbetreibende Unternehmen. Empfehlungsmarketing könnte dadurch eine neue Dimension erreichen.

Abschließend ist festzuhalten, dass auch in den kommenden Jahren mit Guerilla-Marketing zu rechnen ist. Jedoch wird Guerilla-Marketing das klassische Marketing nicht verdrängen oder ersetzen können. Ein gegenseitiges Ergänzen wird auch in Zukunft den Werbemarkt prägen.

Literaturverzeichnis

Printmedien

Anlanger, Roman/Engel, Wolfgang A. (2008): „Trojanisches Marketing – Mit unkonventioneller Werbung zum Markterfolg", Planegg

Bauer, Hans H./Große-Leege, Dirk/Rösger, Jürgen (2008): „Interactive Marketing im Web 2.0+ – Konzepte und Anwendungen für ein erfolgreiches Marketingmanagement im Internet", 2. Aufl., München

Bell, Martin (2004): „Hühner und Teilchenbeschleuniger" in acquisa 09/2004

Berdi, Christoph (2006): „Marketing-Hypes, realistisch betrachtet" in Absatzwirtschaft 07/2006

Bittner-Posavec, Simone (2008): „Neue Ideen für alte Hasen" in acquisa 01/2008

Bruhn, Manfred (2009): „Marketing – Grundlagen für Studium und Praxis", 9. Aufl., Wiesbaden

Bruhn, Manfred/Ahlers, Grit Mareike (2003): „Ambush Marketing – Angriff aus dem Hinterhalt oder intelligentes Marketing?" in Gesellschaft für Konsum-, Markt- und Absatzforschung e. V. (Hrsg.): „Jahrbuch der Absatz- und Verbrauchsforschung", Berlin, S. 271-294

Bruhn, Manfred/Esch, Franz-Rudolf/Langner, Tobias (2009): „Handbuch Kommunikation – Grundlagen – Innovative Ansätze – Praktische Umsetzungen", Wiesbaden

Ehlert, Henning/Neumann, Volker (2007): „Mehr spekulative Werte ins Werbedepot" in Absatzwirtschaft 08/2007

Engl, Michael (2008): „Möglichkeiten des Ambush-Marketings bei einer Großsportveranstaltung am Beispiel der UEFA EURO 08", Norderstedt

Fachverband Ambient Media e. V. (2007): „Feldbuch – Eine Expedition des Fachverbandes Ambient Media", Hamburg

Fachverband Ambient Media e. V. (2009): „Statuten des Fachverband Ambient Media – Satzung", Hamburg

Fehrmann, Holger (2009): „Der Schutz exklusiver Sponsoringrechte bei Sportgroßveranstaltungen gegen Ambush Marketing", Baden-Baden

Förster, Anja/Kreuz, Peter (2006): „Marketing-Trends – Innovative Konzepte für Ihren Markterfolg", 2. Aufl., Wiesbaden

Fösken, Sandra (2007): „Ambient Media: Mit Pizzakartons zum Werbeerfolg?" in Absatzwirtschaft 09/2007

Godin, Seth (2004): „Purple Cow – So infizieren Sie Ihre Zielgruppe durch Virales Marketing", Frankfurt am Main-New York

Heermann, Peter W. (2006), „Ambush-Marketing anlässlich Sportgroßveranstaltungen" in: „Gewerblicher Rechtsschutz und Urheberrecht", Köln, S. 359-367

Heffels, Guido (2006): „Mini rollt US-Markt auf" in Absatzwirtschaft Sonderheft 2006

Hilker, Claudia (2009): „WOW-Marketing – Kleines Budget und große Wirkung", 2. Aufl., Göttingen

Holland, Heinrich (2007): „Neue Formen der Marketing-Kommunikation – Ergebnisse einer Studie", Dortmund

Huppertz, Peter (2006): „Werbung mit der Fußball-WM" in Absatzwirtschaft 04/2006

Jaeschke, Lars (2008): „Ambush Marketing – Schutzstrategien gegen assoziatives Marketing für Veranstalter von (Sport-) Großereignissen und Markenartikler", Norderstedt

Kaul, Helge/Steinmann, Cary (2008): „Community Marketing – Wie Unternehmen in sozialen Netzwerken Werte schaffen", Stuttgart

Kuttelwascher, Franz (2006): „Mao für Kapitalisten" in Absatzwirtschaft 07/2006

Langner, Sascha (2009): „Viral Marketing – Wie Sie Mundpropaganda gezielt auslösen und Gewinn bringend nutzen", 3. Aufl., Wiesbaden

Levinson, Jay Conrad (1990): „Guerilla Marketing – Offensives Werben und Verkaufen für kleinere Unternehmen", Frankfurt am Main-New York

Levinson, Jay Conrad (2006): „Die 100 besten Guerilla-Marketing-Ideen", Frankfurt am Main-Boston

Levinson, Jay Conrad (2007): „Guerilla Marketing des 21. Jahrhunderts – Clever werben mit jedem Budget", Frankfurt am Main-New York

Maeder, Ruedi, o. J., „Guerilla-Marketing: Grosse Wirkung mit kleinem Geld!" in KMU-Business

Melwitz, Nikolaus (2008): „Der Schutz von Sportgroßveranstaltungen gegen Ambush Marketing", Tübingen

Netzle, Stephan (1996): „Ambush Marketing, die neue unfaire Marketing-Maßnahme im Sport" in „SpuRt" (Sport und Recht), Heft 3/1996, Burghausen-München, S. 86-87

Nufer, Gerd (2004): „Ambush Marketing – Angriff aus dem Hinterhalt oder eine Alternative zum Sportsponsoring?" in Horch, Heinz-Dieter (Hrsg.): „Perspektive des Sportmarketing – Besonderheiten, Herausforderungen, Tendenzen", Köln, S. 209-227

Nufer, Gerd/Rennhak, Carsten (2008): „Guerilla Marketing", Reutlingen

Nünning, Jürgen (2008): „Mit Ambient Media die Zielgruppe abholen" in Getränke-Markt 07-08/2008

o. V. (2003): „Idee statt Budget" in Page 10/2003

Patalas, Thomas (2006): „Guerilla Marketing – Ideen schlagen Budget", Berlin

Pechtl, Hans (2007): „Trittbrettfahren bei Sportevents: das Ambush Marketing", Greifswald

Pepels, Werner (2004): „Marketing – Lehr- und Handbuch", 4. Aufl., München

Platzer, Martin (2008): „Ambush-Marketing" in: Anlanger, Roman/ Engel, Wolfgang A. (Hrsg.): „Trojanisches Marketing – Mit unkonventioneller Werbung zum Markterfolg", Planegg

PricewaterhouseCoopers (2009): „Global Entertainment and Media Outlook 2009-2013" in Horizont 25/2009

Ragusa, Lucia (2006): „Das Waffenrepertoire der Guerilla Marketeers", in Point Nr. 11/Sommer 2006

Schulte, Thorsten (2007): „Guerilla Marketing für Unternehmertypen – Das Kompendium", 3. Aufl., Sternenfels

Scott, David Meerman (2009): „Die neuen Marketing- und PR-Regeln im Web 2.0", Heidelberg-New Jersey

Streif, Stefanie (2008): „Mit List zum Markterfolg" in aquisa 04/2008

tfactory Trendagentur Markt- und Meinungsforschung GmbH (2008): „Timescout 2008 – Eine junge Trendstudie von heute für morgen", Hamburg-Wien

Van Eimeren, Birgit/Frees, Beate (2009 a): „Der Internetnutzer 2009 – multimedial und total vernetzt?" in „ARD/ZDF-Onlinestudie 2009", S. 334-348, Frankfurt am Main-Mainz

Van Eimeren, Birgit/Frees, Beate (2009 b): „Nutzungsoptionen digitaler Audio- und Videoangebote" in „ARD/ZDF-Onlinestudie 2009", S. 349-355, Frankfurt am Main-Mainz

W&V Media (2010): „Bilanz: Der Werbemarkt 2009" in W&V Media 1-2/2010

Wehleit, Kolja (2004): „Leitfaden Ambient Media", Göttingen

Weis, Hans Christian (2009): „Marketing – Kompendium der praktischen Betriebswirtschaft", 15. Aufl., Ludwigshafen (Rhein)

Wieking, Annett (2005): „Netzwerke im Netz" in acquisa 11/2005

Zunke, Karsten (2008): „Schon gehört?" in acquisa 02/2008

Internetquellen

ConnectedMarketing, o. J., „Viral Marketing Definitionen", http://www.connectedmarketing.de/cm/2006/05/viral_marketing_2.html

Fachverband Ambient Media e. V., http://www.fachverband-ambientmedia.de/wir/der-verband

Fachverlag für Marketing & Trendinformationen, http://www.marketing-trendinformationen.de/werbung/news-archiv/heilsamer-schock-7-guerilla-ideen-die-grenzen-ueberschreiten.html

FOCUS medialine (2009): „Ambient-Media-Analyse (AMA)", http://www.medialine.de/deutsch/wissen/medialexikon.php?snr=6678

Guerilla Marketing Portal (2005): „Guerilla Marketing Historie –
Im Zeitraffer von Napoleon bis Levinson",
http://www.marketing.ch/wissen/sonderwerbeformen/
guerilla_historie.pdf

Guerilla Marketing Portal (2007): „Was ist Guerilla Marketing? –
Große Wirkung mit kleinem Budget?",
http://www.guerilla-marketing-portal.de/doks/pdf/GMP_
Was-ist-Guerilla-Marketing_03-2007.pdf

Jung von Matt/Neckar GmbH (2009): „Der weltweit erste
Fliegenbanner",
http://www.jvm-neckar.de/2009/10/20/jung-von-mattneckar-
erfindet-den-weltweit-ersten-fliegenbanner

Kahlsdorf, o. J., „Guerilla Marketing",
http://www.kahlsdorf.de/de-deutsch-Werbeagentur/
Werbeagentur-Hamburg-know-how/Guerilla-Marketing-
Werbeagentur-Hamburg-Norderstedt.htm

Langenscheidt Fremdwörterbuch Online,
http://services.langenscheidt.de/fremdwb/fremdwb.html

LEO Dictionary Online,
http://dict.leo.org

Lischka, Konrad (2010): „Expansion im Netz – Facebook greift nach
der Web-Herrschaft",
http://www.spiegel.de/netzwelt/web/0,1518,690506,00.html

marketing.ch, o. J., „Lexikon Sonderwerbeformen",
http://www.marketing.ch/wissen/sonderwerbeformen/
lexikon.pdf

Nöcker, Ralf (2005): „Für Trittbrettfahrer kann es teuer werden",
http://www.faz.net/s/
RubEC1ACFE1EE274C81BCD3621EF555C83C/Doc~E3EAA0F
EDB26D4922A57AA735C489EC8B~ATpl~Ecommon~Scontent.
html

Simyo GmbH (2010): „Simyos nachbarschaftliche Grüße an Vodafone und Otelo", http://blog.simyo.de/2010/01/23/simyos-nachbarschaftliche-gruse-an-vodafone/

Trautz, Rainer (2004): „Guerilla-Marketing", http://raitz.de/material/Marketing/Guerilla%20Marketing.pdf